普天之下・盡是好書

普天出版家族
Popular Press Family

凌雲 文創
A-Plus Creative Company

投資理財專家詹姆斯．戴森曾經這麼說：「沒錢人用自己的腦袋賺錢，有錢人用別人的腦袋賺錢。」
的確，舉凡所有事業有成的「有錢人」，並非都是最卓越最有智慧的人，而是最擅長利用比自己聰明的人來為自己賺錢的人，因此，如果你想在最短時間成為人人稱羨的「有錢人」，首先，就必須懂得如何用別人的「腦袋」來做為幫自己賺錢的工具。

有錢人的想法和你不一樣 全集

You Can be a Rich Man

「腦袋決定口袋」的致富潛智慧

岳達人 編著

出版序

要變通，窮人才會變富翁

商機存在於四周環境裡，與其跟著別人的腳步，不如認真觀察眼前的生活環境，也許下一個創造人生顛峰的商機就在身邊。

鋼鐵大王安德魯．卡內基曾經這麼說：「洞燭先機的人，撿到牡蠣，其他的人，只能撿到貝殼。」

想賺錢，一定具備敏銳的眼光，更要懂得變通！在這個人人想要發財致富的激烈競爭時代，如果你還不知靈活運用腦袋，一味幻想好運從天而降，就註定將被時代淘汰！腦袋決定你的未來，想要擺脫窮人的行列，秘訣就在於洞燭先機，想出快速致富的創意，才可能比其他人賺更多的錢。

你必須學習的經驗

經常有人會問：「到底商機在哪裡？」

商機其實並不難找，因爲它從來都沒有離開我們的身邊。只是太多人習慣從別人的身上找尋，也太習慣從別人已經開拓完成的市場裡找尋，因而始終看不見自己身邊的機會。

可是，沒有人能靠著模仿別人的動作，打造出屬於自己的成功堡壘；更沒有人能跟著別人的腳步，前進到屬於自己的成功終點。所以想找成功的機會，不妨多留意身邊。

第二次世界大戰期間，美國有一間專門生產火柴的公司，特別要求火柴製造商爲他們設計一款印有希特勒漫畫像的盒子。

沒想到這款火柴盒一上市便被搶購一空，其中不乏收藏者以及憎恨納粹行爲的人。前者的處理方式當然是小心翼翼地珍藏，後者購買的原因卻是爲了「燒掉」希特勒。

原來，火柴公司將原本固定塗在盒子邊的磷，刻意塗在希特勒人像的手臂上，這目的當然是爲了讓人們洩憤。畢竟對於愛好和平的人來說，那些好戰之士理應消失，於是他們一拿出火柴，都會猛力地往希特勒的手上或身上劃，似乎想透過這個動作將希特勒燒毀。

聰明的商人利用人們仇視希特勒的心理，設計出這款可以讓人們洩憤的火柴。透過劃火柴，人們情緒因此獲得了安撫，也因此銷售成績隨著局勢的變動，更加無可限量。

故事中，火柴公司利用人們憎恨希特勒的心理，設計出一款可以讓大家宣洩情緒的產品，人們能藉由「燃燒希特勒」獲得心理上的滿足，當然會對該項商品產生認同，進而刺激了人們的消費意願。

有錢人的想法
和你不一樣

所有的商戰策略無不緊抓著「消費者的心」，無論是借物寄情，還是單純只爲了宣洩情緒，都是因應消費者想法而衍生出來的商機。

延伸以上火材盒事例的寓意，我們可以對準備創業的人說：「不要盲目地跟著成功者的腳步，因為真正讓他們成功的關鍵，不只是因為他們的產品物美價廉，而是創始人懂得抓住顧客們心中想要的。」

從這個思考角度就可明瞭，許多加盟業者失敗的原因都是「盲目」跟風。聰明的經營者都知道，一味跟著前人的腳步前進，會讓人忽略了市場的瞬息萬變，也很容易算錯市場的需求量。

創意源自於生活中，商機存在於四周環境裡。與其跟著別人的腳步，不如認眞觀察你眼前的生活環境，也許下一個創造人生顚峰的商機就在你身邊。

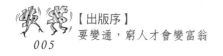

【出版序】要變通，窮人才會變富翁

輯1 跟上時代，才不會被淘汰

商場上的競爭和機會其實是一體的，
無論是自我挑戰還是與對手相抗，
只要相信自己最終必定能達成目標，便勝利在望。

挑動消費者貪小便宜的心理 018
積極地把握每一次發展機會 022
取得消費者的認同才是真正的迎合 025
跟上時代，才不會被淘汰 029
從消費者的角度找出經營的方針 033
能見微知著才能掌握時局 037
果決地選定未來的發展方向 040
急流勇退，才會發現新機會 044

目錄 CONTENTS

輯2 懂得借力使力，就能創造利益

當機會到手時，
有多少人能聰明地利用不可多得的時機呢？
又有多少人懂得將危機轉化為成功良機呢？

膽識決定你的運勢 048
懂得借力使力，就能創造利益 052
用創意提昇自己的競爭能力 056
效率就是利益，時間就是金錢 060
競爭，不僅僅是實力的鬥爭 064
成功的道路就在你的腳下 068
認清形勢，發揮本身優勢 073

輯 3

讓每一件商品擁有獨一無二的價值

大量的生產雖然可以增加銷售量，
但產品的稀有度將跟著下降。
這不僅對產品有傷害，
更讓商家不斷面臨銷售業績的壓力。

抓住機會，就能突破重圍 078
讓每一件商品擁有獨一無二的價值 082
退一步就會看見側面進攻的機會 086
限量生產讓產品更有價值 090
商機就藏在孩子們的心中 094
贈品的威力無人能抗拒 098
以趣味活動加深消費者對產品的印象 102
利用宣傳活動來拓展消費市場 106
想出最能感動人心的廣告詞 110

目錄 CONTENTS

輯 4 不要用情緒經營你的事業

不管情緒多麼激烈，也不管情況如何不利，問題始終要解決，只要能充分掌握自己的情緒，勝利始終會站在自己這邊。

機會仍在，不要輕易放棄 116
不要用情緒經營你的事業 121
想找出商機，就要多聽消費者的聲音 126
讓你的實力超越未來的需要 130
跟著時間的腳步前進未來 134
培養遠見，才能永久把握商機 138
沒有任何一項計劃能永久不變 142
合乎當地胃口，才能打開市場 147

輯 5

創意是拓展市場的重要利器

在商場上除了腳踏實地累積實力外，
還要有突破的自信與企圖心，
更要有新穎的創意加以配合。

二手商店也能開創一片天 152
創意是拓展市場的重要利器 156
不要被別人的否定擊倒 160
出口其實就在眼前困境的另一邊 164
從閒談中發現難得的商機 168
不要輕易放棄手中的機會 172
好好把握住夢想的初衷 176

目錄 CONTENTS

輯6

觀察力敏銳，就多一點機會

機會其實不難發現，
只要我們善於觀察、積極思考，
機會隨時都在我們的手中。

想抓魚，得耐心等待最佳時機 182
蜂擁的人氣自然能帶動買氣 186
觀察力敏銳，就多一點機會 191
能與員工共享成果必能再創佳績 194
抓準消費者的不同胃口 198
「服務品質」是消費市場的第一要求 201
現場試驗，最能取得消費者的信任 205
不想被牽著鼻子走，就要反制對手 209

輯 7

能看見未來，才能創造未來

當別人受困於變化難測的消費口味時，能預見明天風向的人自然能及時迎合市場的胃口，成為消費者眼中第一且唯一的選擇！

動動腦筋，垃圾也能變成黃金 214
想做好廣告，先動動頭腦 219
適時退讓才不會兩敗俱傷 223
想征服市場，必須懂得分享 227
運用「口碑行銷」締造績效 231
凡事必定有突破困境的方法 235
能看見未來，才能創造未來 239
用情感來累積商品的價值 243

目錄 CONTENTS

輯 8

成功者都走在市場變動之前

一發現市場趨勢出現了變動，
經營者便要積極調整腳步，
不然一旦錯失了第一時間，
市場便會被其他積極前進的公司佔有。

商機，在於理解消費心理 248
實現你心中的每一個創意 252
「全面服務」是未來的市場趨勢 255
擁有專業形象才能得到顧客的信任 259
成功者都走在市場變動之前 263
多元發展你手中的每一個機會 267
讓競爭的火花成為照亮彼此的希望之光 271
用創意促成商品和消費者之間的戀情 275
用功收集資料才能掌握市場的變動 279

輯 9

小戲法也能變出大商機

想要成功致富不是一味往前衝就能達到目標，過程中還要能不斷地調整步伐，確認前進的方向，才能真正坐穩龍頭寶座。

小戲法也能變出大商機 284

把所有心思放在顧客們身上 288

面面俱到，就能有效行銷 293

用反面的廣告為自己行銷 297

「捨得」就是致富的法則 301

每件事物都有千百種面貌 305

別想太多，把握機會表現就對了 309

具備服務精神，顧客才會上門 313

目錄 CONTENTS

輯10 掌握趨勢，修正自己的腳步

只要經營者對市場的嗅覺夠靈敏，
便能在市場變動之前及時轉向，
在危機即將到臨之前抽身保命。

面對優惠，要懂得防備 318
經商要靠心計，也要憑毅力 322
人數不是決定事業版圖的要素 327
掌握趨勢，修正自己的腳步 331
迅速找出失敗的原因 335
了解能力，便能激發潛力 339
看破，就能突破 343

輯 11

加上一點創意，就能創造奇蹟

路是靠著每個人雙腳走出來的，
只要經營者不怕面對挫折，不被困難所擊倒，
最終都一定能到達成功終點。

創意就是最好的發財工具 350
懂得變通，窮人才會變富翁 354
想穩賺不賠便要精益求精 359
有好的信譽，就不怕沒有利益 363
要有魄力，更要不斷學習 367
加上一點創意，就能創造奇蹟 371
緊抓住稍縱即逝的機會 375
經營者一定要有危機意識 379

1

跟上時代，才不會被淘汰

商場上的競爭和機會其實是一體的，無論是自我挑戰還是與對手相抗，只要相信自己最終必定能達成目標，便勝利在望。

挑動消費者貪小便宜的心理

人人都有貪小便宜的心態，商人們看似吃虧的行銷技巧裡，其實早已暗藏陷阱，用以誘惑消費者上鉤。

什麼是最好的行銷策略？

當然是能挑起消費者的貪小便宜心理！對錢總是斤斤計較的消費大眾，其實最在意的不是產品的品質，而是這家的商品價格是否比另一家低！

你必須學習的經驗

美國商人詹姆斯．彭尼是個很懂消費心理的商人，在景氣低落的時候，他卻懂得鼓舞人們的消費慾望，爲自己成功地累積了一筆可觀的財富。

當時，美國經濟情況日退，這讓經營零售商店的彭尼十分苦惱，因爲人們的財富一縮水，上門消費的意願也變得越來越低。

看著空蕩蕩的商場，彭尼嘆了口氣，自己自語著：「唉，這該怎麼辦，到底有什麼法子可以吸引客人上門呢？」

「降價促銷啊！」一位老朋友對他說。

彭尼一聽，便尋思：「降價，會不會虧錢？不過，這倒是個好方法。」

不久，彭尼的店門口貼出了降價廣告，只是這個降價活動並不是直接給予消費者折扣，而是配合一個十分巧妙的遊戲。

爲了招攬顧客，彭尼想出了一個妙計，他在一塊板子上挖了約五十個小洞，在這些小洞的旁邊，則分別寫上了九折、八折、七折……等數字，接著又在這些小洞的後面擺放了一只玻璃瓶，裡面放了隻小老鼠。當一切準備妥當之後，商人與消費者的心理戰立即展開。

「來來來，不管你的小老鼠選中了哪一個洞，你所購買的商品便能得到那個折扣。」彭尼大聲地說。

小老鼠選折扣遊戲果然吸引了不少消費者上門，然而無論他們怎麼對著一折二折祈禱，小老鼠們始終只愛挑選九折和八折的洞口。

你猜著其中原因了嗎？當然是另有玄機囉！

原來，小老鼠們對氣味的敏感度很高，因此有機會讓彭尼在這個遊戲裡動手腳，他每天都會在洞裡放上小老鼠的糞便，牠們一聞到熟悉的味道時，自然會鑽進那個折扣的洞穴，如果有天鑽進九折洞穴的頻率很高，當然是因爲彭尼在那兒放了好幾顆鼠糞便的原因。

當然，他也不會忘記偶爾放幾顆老鼠糞便到一折或五折的瓶裡，以滿足貪小便宜的消費者們。

有錢人的想法和你不一樣

一般來說，人人都有貪小便宜的心態，腦筋轉得快的商人們當然不會忽略這個消費心理常態。於是，在看似店家吃虧的行銷技巧裡，其實早已暗藏陷阱，用以誘惑消費者上鉤。

就像案例中的彭尼一樣，小老鼠爲他帶來人潮，絡繹不絕的顧客們卻不知道其中居然藏這個眞相。

識破眞相之後，聰明的人想必也學到了其中要領，當彭尼有技巧地爲自己找到新的出路時，不知道一直爲景氣不佳所苦的經營者，是否也想出了解決業績持續下降的辦法？

市場上的變動與興衰從不是企業發展的阻礙，眞正的阻礙從來都因爲經營者沒有多花腦筋想辦法。彭尼可以在平凡事物中想出絕妙的促銷方法，多動腦，你也一定會有不同的發現！

積極地把握每一次發展機會

仔細挑選出最適合自己的機會之後，便要大膽執行，積極前進，如此一來，無論是在何時何地，都能成功致富！

在這競爭激烈的商戰場上，相信不少經營者的心裡都有這樣矛盾的想法：「人人有機會，但個個都沒把握！」

想要賺錢，當然應該小心謹慎，然而若是太過小心，反而很容易錯失機會，因為在你擔心或怯場的時候，別人卻已鼓足了勇氣，積極地挑戰成功了。

想要成為一個優秀的經營者，必須有「機會難得」的觀念，畢竟好運氣只會降臨在善於捕捉機會的人身上！

你必須學習的經驗

十分懂得把握機會的香港富商霍英東，便是個很好的例子，窮苦人家出身的他，不僅善於抓住市場的每一個機會，更懂得利用這些機會爲自己開拓事業，累積龐大的財富。

當年，韓戰爆發時，他和其他企業家一同大力發展航運業務，不僅爲香港賺進了大把外匯，更爲自己的事業版圖奠定了基礎。

韓戰結束後，他又看見了香港建築業的發展前途，爲了不錯失時機，他積極地進軍房地產市場，在一九五四年成立了立信建築公司，專心從事房地產投資。從拆舊樓到建築新樓房，買賣房屋的同時，他還開創了香港大樓預售模式的先河，幾年之後便成爲了香港房地產業的巨擘。

到了二十世紀六〇年代初，有鑑於香港建築業發展和改善香港環境的需要，霍英東看見了「採沙業」的前途。一九六一年他投入了大量的資金，從泰國引進挖泥船，不久霍英東的挖泥船迅速增加到二十艘以上，香港建築業中的主要原料之一的沙，幾乎全是霍英東的公司所供應。

有錢人的想法和你不一樣

機會一定會出現，而且經常出現，但通常都出現看似細微的偶發事件。在商場上，像霍英東這樣的機遇十分常見，但是機會出現的時間其實是很短暫的，一不留神便稍縱即逝。

財富只屬於抓得住機會的人，霍英東的致富故事告訴我們：「抓住了機會，財富自然滾滾而來！」

雖然企業經營的手法十分多樣化，最終都是爲了開創未來，所以，每一個契機都不能輕易放過。仔細挑選出最適合自己的機會之後，便要大膽執行，積極前進，如此一來，無論是在何時何地，都能成功致富！

取得消費者的認同才是真正的迎合

所謂的「迎合」，是讓消費者接受並認同企業的經營理念和獨特的創意，這樣才能贏得更寬闊的市場。

能夠贏得消費者的喜愛，才是抓緊市場的最好方法。經營者當然要懂得迎合顧客的心，但是，所謂的「迎合」，這並非一味地討好消費者，而是要能夠創造出連消費者想都沒想到的「需要」。

只要讓消費者認定，是企業貼心地爲他們找到了生活上的必需品，那麼無論日後企業開創出什麼樣的產品，引領什麼潮流，他們必定都會心甘情願地跟著經營者的腳步走。

你必須學習的經驗

法國著名的服裝設計大師皮爾．卡登在巴黎發跡，開創服裝設計公司時，起初也和其他服裝公司一樣，專爲上流社會人士服務。

然而，上流人士畢竟有限，再加上巴黎的服裝設計師不少，競爭相當激烈，剛剛起步的皮爾．卡登發展得十分辛苦，由於訂單極少，銷售量有限，讓大師經營得有些落寞。

直到第二次世界大戰後，皮爾．卡登適應了當時法國和歐洲消費取向，決定將視角轉向普羅大眾的身上。

因爲，他認爲：「誰說中下階層的人就不需要打扮？更何況不是只有上流社會的人才懂得穿衣服啊！」

打破傳統觀念之後，皮爾．卡登的第一步，就是將上流社會的衣著文化帶入了一般民眾的生活之中，成了當代第一個提出「成衣大眾化」的設計師。

他在設計衣服時，並沒有因爲對象不同，而有任何輕忽或怠慢的心態，對於大衆衣著，反而更加積極創新，從爲少數名流貴婦設計時裝到爲一般民衆設計服裝，態度並無差別，因爲他一貫的理念是：「我要讓每一個人都能穿上最好看的衣服！」

一九六一年，皮爾．卡登首次設計量產的流行服裝正式出爐，而且還一炮而紅！獲得成功後，皮爾．卡登一點也不驕傲，更加積極地推出最新的設計款式，規格和樣式也越來越多變化。這一批又一批的最新流行服裝，慢慢地成全世界流行時尚的指標。

坐上了法國服裝設計師的第一把交椅之後，皮爾．卡登之名及他的產品也一步步地成了世界服裝設計的先驅。

有錢人的想法和你不一樣

皮爾．卡登看準了市場行情的變化，準確地抓住了機會，適應了市場需求後，輕鬆地取得了成功。我們也可以這麼說，他是個懂得放下尊嚴，懂得順勢取捨的成功典型人物。

從皮爾．卡登的成功經驗中，我們正可用來對照身邊的其他經營個案，有不少人只知一味地盲目跟風，一窩蜂地搭上時尚列車，忽略了個人的設計風格，更忘了真正的市場在哪裡。

也有人一味地把消費族群劃分等級，只想迎合所謂的頂級顧客的胃口，然而，這些胃口極挑的頂級消費層，在這麼多人迎合下，個人或企業脫穎而出的機會能有多少？

就像皮爾．卡登的故事告訴我們的，創新是每一個經營者必須多加施力的重點，所謂的「迎合」應該是，讓消費者接受並認同自己的經營理念和獨特的創意，這樣才能贏得更寬闊的市場。

跟上時代，才不會被淘汰

商場上的競爭和機會其實是一體的，無論是自我挑戰還是與對手相抗，只要相信自己最終必定能達成目標，便勝利在望。

對「計劃永遠跟不上變化」一說，每一位成功的經營者都知道：「雖然預先的計劃跟不上市場轉動，但是，只要自己的腳步跟得上就沒問題了！」市場的變化速度時快時慢，但是無論速度如何，最重要的是經營者能否每一次都及時跟上，如果老是要等到市場起了變化後才驚覺落後，那麼，想擠身成功者之列恐怕很難。

你必須學習的經驗

原籍廣東的香港鉅富李嘉誠，幼時的家境十分清苦，因而十三歲時便輟學開始從商，第一步是從玩具推銷員開始。

辛苦推銷產品的他，在別人紛紛放棄之時，仍然勉勵自己咬緊牙關堅持下去，經過十年努力，終於爲自己累積了一筆財富，這筆財富就是讓他正式開創「李嘉誠傳奇」的開始。

二十二歲那年，李嘉誠決定自己開設一間塑料工廠，專門生產玩具和各式家庭用品。開創了事業之後，他也開始積極地拓展自己的事業版圖。

五〇年代中期，歐美市場忽然興起了塑膠花熱潮，於是李嘉誠在一九五七年開始大量生產塑膠花，從此他的企業也日益茁壯。

到了五〇年代末，香港經濟開始起飛時，李嘉誠也看見了經濟越來越蓬勃發展的市場現象，心想：「經濟一轉好，房地產業肯定會跟著水漲船高，其中必定有不錯的商機！」

看見了即將到來的機會，李嘉誠當然不會放過，立即指示相關部門改變公司的經營方向，轉而投入地產業。

六〇年代初，李嘉誠憑著敏銳與自信，成功地站上了香港首屈一指的房地產商人，一九七二年更成了香港股迷們最熱衷投資的對象之一，也順勢擴大了公司的資本，邁向國際的發展前景。

一九八〇年，他與美國凱薩水泥公司合作成立「中國水泥公司」，此外，金融、酒店和其他產業，他也沒有放過。這個最懂得適應市場變化，進行多角經營的商人，不僅爲自己創造了一個傳奇，更爲香港經濟帶來了奇蹟。

有錢人的想法和你不一樣

從平凡的推銷員到亞洲巨富，爲了達成目標，李嘉誠每一步都走得很用心，不被熟悉的現狀所困。

面對不可預知的未來，他似乎從不擔心。就像他在故事中透露的：「我看見市場，也看見了市場的未來。除了積極朝向新目標全力衝刺之外，我沒別的事可以做！」

這是「李嘉誠傳奇」的啓示，面對市場最重要的事，原來不是市場的變化，而是你的行動力。商場上的競爭和機會其實是一體的，無論是自我挑戰還是與對手相抗，只要相信自己最終必定能達成目標，那麼再多的障礙也能突破，獲得最後的勝利。

有毅力也有敏銳的觀察力，這是李嘉誠傳奇至今仍爲人津津樂道的原因，這正是每一個白手起家的成功商人最吸引人的地方。想成爲優秀的經營者，要學習的不只是他們的成功技巧，更是蘊涵其中的精神，那是一種永不放棄、永遠都要超越時代脈動的企圖心。

從消費者的角度找出經營的方針

人心是很容易觸碰的，想賺得消費者口袋裡的錢，經營計劃的首要步驟
便是要能贏得「人心」！

能從消費者的角度去思考的經營者，能找到的機會必然比別人多。

懂得從顧客們的角度出發尋找可能的商機，聰明的經營者便能與消費者並肩同行，只要是消費大眾心中的希望，經營者便能即時且準確地推出新策略，輕鬆擄獲消費者的心。

你必須學習的經驗

平內壽夫是日本企業界的傳奇。以經營電影院起家的他，發跡之前只是四國地區一個沒沒無聞的小商人。

不過，經營頭腦一流的他，靠著小小的電影院也有了一番作爲，累積到了一定財富之後，他告訴自己：「我的視野不該只有如此！」

不久，市場上傳出消息說自由船廠將廉價出售，平內壽夫與朋友們商量後，決定買下這間造船廠，作爲他的人生新開始。

自由船廠換了主人，當然也有了新的名字，改名爲「來島船塢」，但是，實際經營卻不如想像中那麼容易，對造船業一竅不通的平內壽夫很快就花光了從電影院賺得的積蓄。

這時，他不斷尋思：「這下子該怎麼辦才好？看來若想讓船塢有所發展，我必須重新策劃目標了。」

不久之後，來島船塢有了轉變，他設定的新銷售目標便是附近的漁民，因爲他發現漁民們的船都很老舊，殘破的船身頂多只能撐到幾十公尺外的近海，根本無法到遠方去捕更多的魚。

當時，平內壽夫心想：「如果漁民們有了馬力較強的漁船，便能到深海區去捕魚，我想這應該是他們最需要的生財設備。」

細心的平內壽夫看見了漁夫們的需求之後，也看見了自己的發展商機，於是積極地製造速度快而堅固的漁船。

當第一艘嶄新的漁船出爐後，平內壽夫爲了讓漁夫們了解船隻的功能，決定讓漁民們親身體驗一番。

每個試乘過的漁夫果然對這樣的漁船非常滿意，特別是那些一輩子捕魚的漁夫們，心中無不出現了這個聲音：「這正是我想要的！」

爲了減輕漁夫們的資金壓力，體貼的平內壽夫以接近成本的價格來鼓勵購買，甚至還讓漁夫們分期付款呢！

有錢人的想法和你不一樣

經營成功的「來島船塢」就像海上的明燈，當平內壽夫期許自己要加大自己的視野與企圖時，我們也看見了他即將成功的景象。

一個對自己充滿期望的經營者，即便遇到了重重困難也一定會想出解決辦法，所以當他的船廠面臨危機，也能冷靜以對，積極地將問題解決。

以「將心比心」爲題，平內壽夫的思考充滿善意的關懷。爲了幫助漁夫們創造財富，他積極地研發新式漁船，在這份互助的心思裡，光是平內壽夫的真誠便已爲他帶來了無限的人生價值與財富。

人心是很容易觸碰的，我們看著平內壽夫的付出與收穫，從中也領悟到了一件事：「即便是在商言商，也不能少了人情味；即使身處商場，誠摯分享的心絕對少不得。」

這個例子無疑告訴我們，想賺得消費者口袋裡的錢，經營計劃的首要步驟便是要能贏得「人心」！

能見微知著才能掌握時局

當市場出現了某一種生產危機或特殊變動時，你會緊張地跟著擔心變化，還是沈著情緒，冷靜地發現其中轉機？

當市場上出現變動之時，反應靈敏的商人總是能迅速地化解危機。探究其中原因，不外乎他們能在變動來臨之前便已見微知著，及時修正自己的不足，積極因應未來趨勢。

人類文明飛快地發展，很自然地誘發了人們的種種新需求。只要我們從市場供需情況的變化軌跡多加觀察，也從消費者的心理變化中挖掘走向，自然能看見未來的新需求。

你必須學習的經驗

一九七二年，中東危機引發石油價格不斷大幅上漲，不少人憂心忡忡地討論著會不會造成通貨膨脹的問題。

對此，當時還十分年輕的弗里德曼卻是這麼想的：「石油上漲造成經濟恐慌，看來石油的需求量會越來越多吧！如果我能早一點投入這個市場，想必會有絕佳的機會。」於是，他借貸了一筆錢，買下一家僅有十五名員工的小工廠，接著便買下許多開採石油的機械設備。

果然不出佛里德曼的預料，不久之後全球果眞颳起了一股巨大的「採油風」，許多國家因石油進口減少，而把目標轉向國內採油公司，當然有不少商人這時也準備投入採油的行列。

但是，無論時局如何紛亂，弗里德曼創辦的石油設備公司卻已準備妥當，那年他賣出的機械便爲他賺進了七千萬美元。

弗里德曼的成功在於明瞭變化、掌握變化，像他這樣懂得掌握市場形勢風向的人，自然能順利地借助風勢，取得自己想要的財富。

有錢人的想法和你不一樣

一個聰明的經營者，必須從事物變化的客觀規律中尋找機會，只要能掌握了其中變動規律，並懂得操控這個規律，自然能因應變化，順勢發展。

市場對某項物資的需求量越大，便越容易從中發現市場走向，凡事都有先兆，就像弗里德曼從石油價格飛快調漲的情況中，發現了人類未來對石油的需要，進而讓他想到了投資開採石油設備的路子。

當市場出現了某種生產危機或特殊變動時，你會緊張地跟著擔心變化，還是沈著情緒，冷靜地發現其中轉機？

想要賺錢，「順勢而爲」是完成目標的唯一方法，能果決地選定目標，全力衝刺，自然能等到豐收的一天。

果決地選定未來的發展方向

只要多用心觀察，你自然會看見時代的脈動，只要勇於挑戰，那麼無論快慢，你總能跟上時代的變化，成就你想要的領導地位。

我們都知道，決定事情經常猶疑不定的人很難有好的成績，當市場上出現變化時，這類人每每在猶豫不決時錯失了機會，如此怎能爭取到發展良機呢？看見了目標，就要果決地決定發展的方向。唯有如此，才不會被時間消磨了執行的決心和動力。

你必須學習的經驗

二十世紀五〇年代初期，日製的電風扇從實用性慢慢地朝向以美觀爲主要訴求，這是因爲東芝電器的董事長發現：「人們的生活品質已慢慢地提升了，這類產品如今將從實用型朝著審美型轉變。」

所以，當過去所生產的笨重風扇在倉庫裡越堆越多，董事長立即下令，轉向生產更符合消費大衆需要的產品。

後來，在一位員工建議下，東芝開始努力積極研究消費心理的變化，從中分析出未來市場的發展趨勢，以及消費者對於電風扇造型的需求等等。

不久，東芝新型的電風扇出爐，一台台色澤清新且造型優美的水藍色電風扇出現在展示會場上，美麗的身影果然在市場上掀起一股搶購熱潮，光是當年的夏季，便賣出了幾十萬台的產品。

這是東芝公司觀察到市場變化後的成功轉變。另外，像田中造紙公司的餐巾紙也是因應市場潮流而創造財富的絕佳例子。

六〇年代時，日本經濟高速發展，生活也日趨洋化，當時不少公司根據觀察到的市場發展趨勢，積極地修正了計劃。田中造紙公司總經理田中治助也發現：

「看來，餐巾紙將將從奢侈品變爲日常必需品！」

發覺到這個變化趨勢，田中治助便立即決定：「我們將進口最好的造紙設備，全力搶攻餐巾紙的市場。」

經過幾年的努力，這個只有百餘人的小企業順利地成爲日本餐巾紙的第一品牌，日本的所有餐巾紙幾乎都是田中造紙生產的。

有錢人的想法和你不一樣

一向善於觀察市場變化趨勢的日本企業家們，總是能乘勢而進，成爲商場上的領航員，就像東芝電器公司一樣。日本公司經常在其他公司還處於新科技或新產品的研發階段時便已經達成了目標，並且讓這些產品在最適當的時機上市曝光，進而攻城掠地。

當日本商品風行市場時，我們更要看見日本經營者的成功技巧，對於未來他們總是很捨得投資，既使結果成敗參半，他們也寧願放手一試，而不想落後於人。因爲，他們販賣的就是未來和夢想。

於是，該投資的生產設備他們大量投入也不後悔，決心修正發展計劃之時也絕不遲疑，充分地展現了他們對自己專業判斷的自信，這也是日本經營團隊最重要的經營方針。

那麼，準備讓自己成爲新時代先驅的人，是否明白其中的奧秘了呢？

如同案例中東芝電器和田中造紙的經營秘訣：「只要多用心觀察，自然會聽見時代的脈動，只要勇於挑戰，那麼無論快慢，總能跟上時代的變化，成就自己想要的領導地位。」

急流勇退，才會發現新機會

市場的盛衰不斷地轉化，學會放下也許很難，但是不懂得放下的人，大都會從高峰跌下，摔得傷痕累累。

千萬不要被成功的美景迷惑，山頂的風景雖美，但是險惡的風雪何時會出現，往往出乎你的意料之外。

因此，經營者一定要明白這個道理，飽覽山頭上的風光之時，別忘了看看四周的景色變化，因爲，當風暴即將來臨之前總會有一些預警，小心觀察，你才能永久守住這個辛苦累積出來的地位。

你必須學習的經驗

香港的假髮製造業其實是因應美國的「假髮熱」發展起來的，當年光是假髮的外銷總值，便高達十億元港幣。

然而，在假髮業如日中天之時，卻有人選擇急流勇退，那個人便是香港假髮業的創始人劉文漢。

他當年退出了香港假髮業時，不少人吃驚不已，因爲他的退出並不是爲了退休，而是轉到澳洲開創全新的事業，這個情況更令不少專家跌破眼鏡，因爲他選擇「在最高處再回到原點」這條路，實在令人匪夷所思。

事實上，並非劉文漢忽然變笨了，而是因爲嗅覺敏銳的他已經聞到了假髮熱度即將衰退的前兆。

像劉文漢一樣懂得急流勇退的經營者不乏其人。像以生產縫紉機聞名的美國勝家公司，就在它發展最鼎盛的六〇年代開始轉向，朝產業多角化經營。

勝家先是關閉了設在英國與德國等地的製造廠，然後轉投資航空與海運相關設備，以及電子化控制系統等高科技產品。這個轉向也在今天得到了收成，如今勝家子公司遍佈世界各地，年銷售額更高達二十五億美元。

有錢人的想法
和你不一樣

知道盛衰交替的道理，其實也隱含著商業經營的智慧，經營者只要了解市場的盛衰不斷轉化，能有「知勢」之明，並懂得「急流勇退」的重要，那麼劉文漢的安守晚年，以及勝家公司的永續發展，也一定會在你的身上發生。

一個有智慧的經營者總是能未雨綢繆，當人們惋惜著劉文漢退出，對劉文漢來說，那卻是保全自己成就光芒的最佳時候，同時這也正是一個真正成功者的聰明抉擇。也許豐厚的財富很誘人，讓人不捨，但是誰說重新開始便看不見另一筆更豐富的收穫？

學會放下也許很難，但是不懂得放下的人，大都會從高峰跌下，摔得傷痕累累。對事業版圖宏大的企業主來說，在最適當的時機換手交棒，其實比繼續在高位上傷神更有益於發展，當然也更有助於持續自己的成功光芒。

2

懂得借力使力，就能創造利益

當機會到手時，有多少人能聰明地利用不可多得的時機呢？又有多少人懂得將危機轉化為成功良機呢？

膽識決定你的運勢

想要從人生的谷底翻身，想要從窮人變富翁，便要多用你的智慧選擇未來，也多用你的膽識挑戰未來。

國際投資大師巴菲特曾經奉勸投資人說：「投資人不能只是墨守某個投資類別，或者是某種投資方式，卻想獲得較高的投資報酬率；想要投資獲利，必須謹慎評估事實，並且不斷充實自己。」

想賺錢就要懂得撿便宜，這是一種商戰謀略，考驗著你的膽識和智慧。

只要你的評估夠仔細，也知道自己的能耐有多少，就可以大膽買下那些即將倒閉的公司。因爲，那不僅可以讓你降低成本，還能即時且便捷地利用他們已經佈建好的資源與市場。

你必須學習的經驗

有一間大玩具廠經營不善即將倒閉，就在清算之前，保羅．道彌爾忽然出現在這間工廠的大門口。

原來，他聽說玩具廠因管理不善即將關閉時，心想：「這間工廠就這麼關了實在很可惜，如果我買下它，也許會有轉機。」

於是，保羅立即來找廠長表達他的購買意願，而急欲轉讓的老闆一聽說有人要買，也大方地以極低的價格售出，畢竟苦苦支撐的日子實在很累人，有人願意接手，他當然毫不考慮地脫手了。

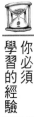

眼光卓越且行動積極的保羅，以極低的價錢買下了這間大工廠，接著他積極地找出工廠失敗的原因，也修正了該廠許多錯誤的經營計劃。

膽識決定運勢，不到半年的時光，這間工廠從前的榮景再現，甚至每月營收還比從前極盛期多一倍。這是保羅玩具廠的奇蹟，我們熟知的石油大王哈默爾，其實也曾有過這樣的機遇。

二十世紀初，德士石油公司在舊金山東邊的某個河谷裡尋找天然氣。然而，當他們探鑽到五千六百英呎時仍不見天然氣的蹤跡，看著每天大量投入的金錢與人力成本，德士公司最後不得不做下一個決定：「再鑽下去恐怕徒勞無功，如今成本已經透支，看來我們得罷手了！」

結論出來後，他們立即對外宣佈結束營運的訊息。

哈默爾一得知這個消息，立即派了幾位專家暗中考察當地情況，不久他便接掌了德士石油公司的一切。

輕輕鬆鬆地買下了德士公司之後，哈默爾便請工人們再度開工，在原來的油井中繼續探鑽，沒想到僅僅再鑽進了三百英呎，天然氣便噴湧而出了！

經過這一次的成功經驗，哈默爾越來越喜歡接管那些急於「半途而廢」的石油開探公司，因爲經他旗下專業團隊的仔細探測後發現，每一個被遺棄的油井底下全都藏著極豐富的資源。

有錢人的想法和你不一樣

在別人的的眼中，保羅根本是愚笨地接下了別人的爛攤子，但事實上，在保羅獨到的膽識與遠見中，他看見的不是「倒閉」，而是難得的「機遇」。

至於哈默爾的成功，則建立在別人的失敗上。大多數人都有著「不能立即看見成效，便急於半途而廢」的習性，這時便是介入的最佳時機。當然，哈默爾若是沒有專業眼光和探鑽勇氣，想必也不敢輕易地死馬當活馬醫。

想要從人生的谷底翻身，想要從窮人變富翁，便要多用你的智慧選擇未來，也多用你的膽識挑戰未來。商場上風光的機會很多，只要你能走過一關又一關的危險，只要你有勇氣挑戰別人無法完成的困難，那麼你應得的成功掌聲絕不會少於你的渴望！

懂得借力使力，就能創造利益

當機會到手時，有多少人能聰明地利用不可多得的時機呢？又有多少人懂得將危機轉化為成功良機呢？

深具影響力的投資理財專家Ｌ．科比爾曾經說過：「人類真正的差別就在腦力，具備超人的腦力，加上無法撼動的決心，造就了一個人的成功。」

許多世界級富豪的成功經驗都告訴我們，成功致富的秘訣其實極爲簡單，而且容易執行，那就是「放下身段，借力使力」。

一個人激發出多少腦力，付出多少代價，決定了他可以獲得多少財富。

怎樣才能突破重圍，開創出屬於自己的版圖呢？

方法其實很簡單，那就是從不同的角度看問題，把困難視爲成功的踏板，把阻礙視爲發展過程裡必經的試驗，再把危機視爲邁向成功的重要機遇，如此一來，美好的未來便會如願呈現在自己面前。

你必須學習的經驗

這個世界的確無奇不有，即使挨告也能讓企業開創出一片新天地。

某天，在英國邁克斯亞法庭上，有一位衣著華麗的婦女氣呼呼地向法官要求：「我要跟他離婚！」

法官問道：「你們不是模範夫妻嗎？爲什麼要離婚呢？」

婦人惱怒地說：「他有外遇！」

法官又問：「妳有什麼證據？」

婦人說：「當然有，他幾乎每天都要到運動場跟那個『第三者』見面！」

法官好奇地問：「『第三者』是誰？」

「足球！」婦人仍然氣呼呼地說。

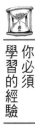

這個答案讓法官啼笑皆非，只好對婦人說：「足球？可是它不是人啊！除非妳去控告生產足球的廠商，否則法庭是不會受理這起案子的。」

婦人一聽，居然眞的向一年生產二十萬顆足球的「宇宙牌足球」提出了控告。更令人驚奇的是，足球工廠居然毫不抗辯，公開表示願意賠償這名婦人一筆「孤獨費」，約十萬英鎊！

許多人對此感到大惑不解，足球工廠經營高層的如意算盤則是：「這位婦人的供詞正好能爲工廠做一次絕妙的宣傳，因爲，這正可以證明我們生產的足球實在太有魅力了！」

這個出人意表的舉動果然爲「宇宙牌足球」打響名聲，此外在這個趣味故事傳播下，更讓該品牌的足球生產量暴增，令不少同行望塵莫及。

有錢人的想法 和你不一樣

這是一種「借力使力」的技巧，只不過宇宙牌足球所借的「力量」饒富趣味，讓不懂其中奧妙的人心中充滿了好奇，更讓懂得行銷手法的人對這個技巧忍不住玩味再三。在這個「事件行銷」中，無論是被挑起好奇心或是深諳其中訣竅的人，最終都會被這顆「足球」吸引！

透過媒體的炒作，消費者在這個絕妙的行銷手法中不知不覺地被誘惑，經營者當然輕鬆地從中得到絕佳的行銷機會，這個謀略看似委屈實則巧妙，而且還是個創意十足的宣傳。

換個角度看，當機會到手時，有多少人能像宇宙牌足球一般，聰明地利用不可多得的時機呢？又有多少人懂得將危機轉化爲成功良機呢？

機會就掌握在自已的手中，不管再怎麼不景氣，也不必擔心路上會有多少阻礙，更不必煩惱未來有多難預測，最重要的是，想要錢有千萬條可行之道，最終方向始終得靠自己用智慧去選擇！

用創意提昇自己的競爭能力

一個成功的企業要有堅實的技術與絕佳的創意。想在這個變動的市場上長久生存，便要不斷地提升自己的競爭實力。

無論企業規模的大小，只要經營者懂得「不斷創新」的重要性，便找到了讓公司長久生存的「續命丹」。

反之，一個只顧及眼前發展的公司，或是只知墨守成規的經營者，就算市場非常蓬勃、熱鬧，恐怕也很難找到有效發展的機會，因爲缺乏新意的行銷或商品，很難打動消費者的心。

你必須學習的經驗

歐萊雅是以生產護髮產品聞名的法國化妝品公司，過去曾被譏爲第九流的地方企業，可是，如今它卻一躍成爲世界第三大化妝品製造企業，營業成績僅次於美國的雅芳和日本的資生堂公司。

歐萊雅公司可以說是在「兵荒馬亂」中崛起的，一九八〇年代初期，化妝品世界剛經歷過七〇年代的全盛時期，接著便面臨到經濟不景氣的危機，即使是那些認爲新衣可以不買，但是口紅和指甲油不可或缺的婦女們，也不敢頻頻光顧這些化妝品專櫃了。

然而，就在這樣萎靡的時局裡，歐萊雅卻能時來運轉，的確耐人尋味。

其實，無論別人怎麼質疑，都不能抹殺歐萊雅的「創新精神」，因爲研發人員經過幾年全心投入研製新產品，以及總經理戴爾靈活的思考，終於讓歐萊雅成功地打下了未來的基礎。

當時，戴爾還特別設置規劃了一間會議室，如此一來，他便能和部下們經常開會討論新產品的優劣。據說，所有新品都是在這個空間裡一一「爭吵」出來的，對此，戴爾總是笑著說：「有溝通才能有啓迪！」

他還主張，年輕人做事不要唯唯諾諾，要勇於向主管和上司提出異議，據說，在會議室裡，他經常當場指責某些主管的錯誤和老舊的想法，全力支持其他員工們的意見呢！此外，每當新配方出爐時，他們都會做實驗，小心翼翼地找出最適合人體使用的配方。歐萊雅的配備是採用與美國研究月球地形設備相同的儀器，還有些新配方是可以多元應用的，英國石油公司便曾利用其中一種油性頭髮清洗劑的配方來處理水面的油跡。

正因爲歐萊雅積極創新的精神，讓他們能在同類企業中一枝獨秀，力抗衰退的景氣，成爲當代獨領風騷的先驅！

闖出了自己的道路之後，歐萊雅並沒有因此而放棄研發動作，反而更加積極地開發新品，例如，髮雕便是在八○年代初由該公司推出，當時還讓許多挑剔的美容師驚艷不已，據統計那一整年的銷售額便高達六百萬美元。

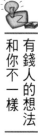

不斷地推陳出新，用創意提昇自己的競爭力，是歐萊雅的經營策略。懂得不斷突破自己的公司，當然無懼於市場的變動，因爲他們等待的不是當下的成功結果，期望的是永續發展的未來。

歐萊雅也給了陷在困境裡的人一個嶄新的思維，那就是無論外在環境條件如何，最重要的是自己有多少應變的實力，又是否有面對形勢的膽識和智謀！

再者，能接受不同意見的領導者也是企業成功的主因，因爲能容納不同的意見，讓研究人員的發展活力與企圖心比一般人強，這些正是歐萊雅今日能成爲世界重要化妝品公司的主因。

想成功，便不要怨天尤人，更不能自暴自棄。一個成功的企業不在於它有多麼成功的結果，而是有堅實的技術與絕佳的創意。想在這個變動的市場上長久生存，便要不斷提升自己的競爭實力，並且增強公司的生命力，如此一來，即使起步不如人，最終還是能超越別人！

效率就是利益，時間就是金錢

想要賺錢，時間與效率正是一切成功的關鍵。錯過了第一時間，少了確實的行動效率，機會當然要一個一個地在你面前消失。

所謂的行動效率是指能在規劃的時間內完成一定的工作量。能迅速、確實地完成手上的任務與目標的人，在商戰場上就不會成爲輸家。

想成就一番事業的人，首先得告訴自己：「要有明確的判斷力，更要有果決的行動力，再加上快捷的工作效率，如此才能看見未來的夢想天空！」

你必須學習的經驗

中國知名飲料「健力寶」在崛起過程中，充分展現了驚人的行動效率。例如，該產品剛剛研製成功時，廠長李經緯便得到了一則訊息：「亞洲足球協會將在廣州的白天鵝賓館開會。」

李經緯一聽到這個消息，便決定抓住這個機會，將新產品推向世界！

問題是，剛研製完成的飲料尚未裝罐，李經緯爲了爭取時間，立即帶領幾名助手趕往深圳，用有限的外匯從香港買入一批空罐子，接著又請深圳百事可樂的工人們利用下班時間，將隨身帶去的健力寶原料迅速裝罐。

加緊趕工的結果，終於讓他們在足聯會開會前一天，順利地將一百箱包裝精美的易開罐健力寶送到了會議桌上。

結果，誠如李廠長預料的，健力寶在這場會議上果然一炮而紅，透過與會國際友人們的推廣，健力寶產品迅速地打開了國際市場。

不久，他們又有了一個絕佳的行銷機會，李經緯又以相同的方法，將三萬箱罐裝健力寶送到第二十三屆洛杉磯奧運會的選手村裡。

當天，正逢中國與美國進行女排冠軍爭奪戰，有一名細心的日本記者發現，每次暫停休息之時，中國隊員喝的不是可樂，而是「健力寶」，於是記者靈機一動，立即向「東京新聞社」發出了一條獨家新聞：「中國隊靠著『魔水』加快出擊！」

這名記者在文章中寫道：「據說，中國隊員連綿不斷的攻勢，是因爲一種『魔水』發揮了強大作用，只要她們喝一口這種『魔水』，馬上就感覺精力充沛。這是一種十分特殊的中國製飲料，相信不久之後便會在運動飲料市場上掀起一股旋風……」

在此同時，中國的科學家也正在奧林匹克科學大會上宣讀：「吸入氧氣，配合口服電解飲料『健力寶』，的確能消除運動性疲勞。」

在日本記者與學術論文的宣傳下，「健力寶」迅速走紅，推廣不到三年，便功佔中國市場產值超過了一億美元。

對一個優秀的企業經營者來說，時間就是一切。爲了爭取行銷造勢的機會，馬不停蹄地將產品完成，好讓每一個絕佳的機會都能緊握在自己的手中，不會平白消失。對企業來說「效率就是利益，時間就是金錢」，只要這兩個原則都能把握住了，再難得的機會都一定不會溜出自己的手掌心。

對於個人，何嘗不是如此？想要賺錢，時間與效率正是一切成功的關鍵。錯過了第一時間，少了確實的行動效率，機會當然要一個一個地在面前消失。試著回想一下，你是否有過不少捶胸頓足的經驗呢？

在商場上，機會並不等人，錯過了這一次機會的同時，也代表著別人已經搶得了這個機會，所以，行動力是所有經營者第一樣要培養好的能力，至於其他的能力，大都得配合著行動效率才能發揮到極致。

競爭，不僅僅是實力的鬥爭

商戰不僅是實力的鬥爭，也是智謀的較量。有時候，實力較弱的一方若能靠著智慧謀略也可以取勝。

想要在競爭激烈的商業社會出人頭地，關鍵並不在於擁有多少財力，而在於你擁有多少創意與執行力。

不必理會那些世俗庸人怎麼想，只要願意放下尊嚴，努力向「錢」看，就一定可以開創一番格局，成爲衆人羨慕的對象。

很多時候，不停與敵人相抗，不如學會怎麼與對手攜手合作。畢竟在這個激烈競爭的商場上，可以減少一個敵人，對經營者來說始終有益無害。

在商場上，只要能夠讓利益合理分配，都能有共創雙贏的機會，更何況，惡性競爭的最終結果經常是兩敗俱傷。

你必須學習的經驗

企業與企業之間的競爭必然非常激烈，所以人們常用一句「同行是冤家」來形容彼此之間的競爭關係。

紐約梅瑞公司爲了解決這一類的問題，特別成立了「諮詢服務處」，這是爲了協調自己與其他同行的關係，並緩和彼此的矛盾而特別開設的。

在全世界數不盡的商業大樓中，居然有人特別開闢了一個「諮詢處」，可以說是絕無僅有。這個服務處的宗旨是：「顧客們如果在本公司沒能找到滿意的商品，那麼我們將負責指引顧客到有此類商品的公司去購買！」

怎麼會有人把顧客推向自己的競爭對手呢？

別緊張，事實上，自從這個「諮詢服務處」開設之後，他們不僅沒有失去顧客，反而引來了更多的顧客。像是一些想購買奇特、貴重商品的顧客，常因爲不知道要到何處去選購，因而專程走進梅瑞公司，到這個服務處詢問。

試想，人已經走進了梅瑞公司，他們怎麼會讓顧客輕易地走出門呢？這裡的東西也是一應俱全，自然不會讓他們空手離去。

最重要的是，自從「諮詢服務處」開設以後，梅瑞公司與同行間的關係也跟著好轉，甚至有不少競爭對手還向梅瑞公司表示友好之意呢！

不少公司還投桃報李，不僅向梅瑞公司表達善意，更經常主動上門與梅瑞公司交換「情報」，梅瑞公司也因而聲名鵲起。

有錢人的想法 和你不一樣

商戰不僅是實力的鬥爭，也是智謀的較量。有時候，實力較弱的一方若能靠著智慧謀略，也可以取勝，相反的，實力堅強的人，若是不懂得運用智謀步步爲營，隨時都要有跌下寶座的準備。

深諳這個道理的梅瑞公司，便是充滿智慧的企業，懂得用分享來爭取擁有，在看似放棄的經營手法中，事實上已將所有客人全部守住。因爲無論是顧客的心或是對手的心，已全部被拉攏，確實智慧非凡。

這是梅瑞公司的成功方法，更是値得自行創業的人學習的成功訣竅。在它的服務宗旨裡，我們也看見了經營者應有的重要態度：「努力地爲顧客找出最適合他們的產品。」

梅瑞公司不僅贏得了顧客的心，更看見了消費市場的取向，在一個個前來詢問的聲音裡也聽見了顧客們的眞正需要，這可說是一舉數得！

成功的道路就在你的腳下

事在人為！只要想行動，只要我們肯行動，沒有突破不了的困難，更沒有什麼難關是過不了的！

聽到那些從逆境中重獲新生的故事，我們總是在驚嘆連連後質疑著：「怎麼可能？難道眞有奇蹟？」

事實上，眞實的世界就是有這麼多的可能，而且他們的成功從來都不是因爲奇蹟這兩個字，他們靠的是「自己」。

因爲，當別人嘆氣埋怨的時候，他們們掌握了勝敗的關鍵，認清自己還有多少競爭能力，更重要的是，當其他人呆滯且茫然不知所措時，他們已看清楚未來的方向，並且大步前進。

你必須學習的經驗

東芝家電如今已是全球數一數二的品牌，但在二十多年前，東芝公司曾經因經營方向出現重大失誤，以致負債累累，還一度瀕臨倒閉。就在這個時刻，知名的企業重建專家土光敏夫在各方要求下出線，經由他絕佳的領導能力，終於讓東芝重新站起，揚帆遠航。

目光敏銳且果決剛毅的土光敏夫是個十分富有創意的人，當年一樣負債累累、瀕於破產的石州島造船廠，便是在土光敏夫的手中重現生機。

當時，土光敏夫仔細分析後，得出了一個結論：「眼前的難關是暫時的，未來的經濟必定會復甦，只要經濟一復甦，便離不開石油，而石油運輸又離不開油輪，整體經濟想要越來越好，油輪便要越大越好！」

於是，土光敏夫果斷決定：「立即建造二十萬到三十萬噸巨型油輪！」

從未建造這樣大油輪的員工們聽了，個個都十分擔心，所幸在土光敏夫不斷地與管理人員溝通與鼓舞士氣下，員工們終於重拾信心。

土光敏夫不僅眼光一流，管理人事更是用心，在重建企業的同時，也建立了目標管理制度，還將全體員工的利益，與造船廠的利益、榮辱緊緊聯繫在一起。在這樣緊密的結合下，他們終於將二十萬噸的油輪建造出來了，而這個成果也眞的讓造船廠擺脫了困境。

這件事傳出後，世界各地的船商都看好石州島建造的輪船，紛紛上門簽訂合約，而石州船廠從此稱雄世界，土光敏夫之名更是載譽全球。

當初東芝公司決定迎進土光敏夫時，也曾擔心：「土光敏夫的事業正如日中天，會願意拋棄這一切，轉而進入這個負債累累的公司？」

這麼多擔心看來是多餘的，因爲他們與土光敏夫溝通時，土光敏夫一口便答應了：「沒問題！」

土光敏夫即將接掌東芝，這對於東芝全體員工來說無疑是一劑強心針，光是聽到「土光敏夫」的名字，每一個人的目光便充滿了精神。

土光敏夫一到任，便對全體員工說：「這裡是個人才濟濟的地方，東芝擁有如此的悠久歷史，所以困難對你們來說當然是暫時的，事實上，曙光已經出現在你們的面前！」

土光敏夫頓了一下，接著笑著說：「沒有沉不了的船，也沒有不會倒閉的企業，一切事在人爲！」

這句話十分有力量，因爲他有效地喚起了東芝全體員工的信心！

爲了讓每一位員工的潛力都能發揮出來，土光敏夫大力提倡「創意分享」與「毛遂自薦」，並要求每一位員工都要有敬業的精神，懂得爲公司無私奉獻，一如土光敏夫的辦公室牆上的激勵話語：「每一瞬間都要集中你的全部力量在工作上，因為你們是一體的！」

當然，土光敏夫更以此爲座右銘，每天都是第一個走進辦公室的人。他不僅從未請過假，更未遲到過，自律甚嚴的他一直到八十歲高齡時，還與老伴一塊住在一間簡樸的小木屋中。

有錢人的想法和你不一樣

如今，日本東芝電器公司已是世界級的超大型跨國企業，更與石州島造船公司同列世界百大企業的行列。這些成就不只是土光敏夫的功勞，也是讓公司起死回生的全體員工們的共同榮耀，就像土光敏夫在故事裡的最終旨意：「一切事在人為！」

再多鼓勵的話，如果員工們不能給自己多一點信心，不知道加緊腳步，朝向成功之路，無論是東芝或是石州船廠都無法達成今天的成就。

這則故事再一次證明了「事在人為」的道理，只要想行動，只要我們肯行動，沒有突破不了的困難，更沒有什麼樣的難關是過不了的！

所以，還在遲疑或滿懷擔心的人，且聽土光敏夫的鼓勵：「路就在你的面前！你的腳若不動，怎麼到得了終點呢？」

認清形勢，發揮本身優勢

只要看清楚選擇的目標，對市場形勢和本身的競爭優勢有正確的分析和評估，那麼，最終的成功一定是屬於你的。

當市場上出現商品需求飽和時，大多數經營者不是急著轉向，便是坐待時間淘汰，但是當市場調查結果出爐後，面對市場已飽和的結論，有多少人懂得從中挖掘出更多的發展機會？

當每個人都認定商場已供給過剩，其實也顯示著，原本決定朝著這個方向發展的經營者中，已經有人準備放棄。那麼，想在這個市場上一爭高下的人，若能再冷靜地分析，重新評估自己的競爭力與敵手的多寡優劣，說不定新手也能與老將一爭高下！

你必須學習的經驗

一九九一年秋天蘇聯正式解體，烏克蘭的基輔肉品廠也忽然失去了最大的供應市場。因爲在蘇維埃體制解體之前，他們的產品靠著國營體系配送到各個加盟共和國，其中又以俄羅斯市場佔生產總量約百分之八十，如今他們頓失每年二千多萬美元的營收。

絞盡腦汁想辦法的廠長，最後決定：「我們立即引進最新的設備，全力生產眞空包裝的火腿香腸。」

廠長的決定並未立即得到迴響，因爲這畢竟是一個全新的方向，想立即成功或迅速回收成本並不是件容易的事，其中像是生產設備和相關的包裝材料全得從外國進口，這筆投資不可謂不大。

再者，當時烏克蘭全國約有二十餘家肉品企業公司投入這個市場，有的甚至已形成規模，因此他們失敗的風險頗高。

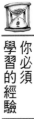

就在許多人力勸廠長重新思考時，廠長卻堅持：「市場就像個魔術方塊，變化無窮，也潛力無窮。有時候我們以為某個產品的市場需求量很大，但是當我們眞的擠身進去時，卻經常發現市場竟早已飽和。反之，有時候我們以為市場上的競爭者已經過剩，事實上他們的實力全被我們高估了！」

「就像眞空包裝的火腿香腸來說，我至少找出了三個有力的投資理由，其一是，這樣的產品攜帶方便且易於儲存，眞空包裝也早就被西方國家接受，雖然國內有二十家以上的公司在生產，但是他們也只是剛剛起步，還未普及。再者，有些工廠雖然已形成一定規模，但是根本無力壟斷市場，所以我認爲這個市場的潛力仍然很大。最後一個理由是，我們在這個時候開始，走在前面公司已經替我們花了不少宣傳費用，讓消費者慢慢地認識並接受這類產品，算一算，我們不是佔得了不少便宜嗎？」廠長信心滿滿地說。

員工們聽完廠長的話，精神也跟著爲之一振，於是基輔肉品廠引進了全球最先進的技術和生產設備，總投資高達兩千萬美元，此外他們還約聘好幾位歐美著名的食品專家，共同研製出最佳的火腿配方。

四個月後，該廠的火腿腸誕生了，產值更高達二點八億美元！

有錢人的想法和你不一樣

「以爲」這兩個字是許多人經常犯的錯誤，就像這位廠長所點明的，凡事沒有絕對，所有的認定經常超出我們的預料。因此，企業經營者在選擇目標時千萬不要預設立場，更不能將引導前進的方向盤綁死，不然最後面臨失敗的情況也會超乎原先的想像。

再者，當故事中的廠長信心滿滿地說出三個轉型理由時，你是否也感受到他「看穿」了競爭的關鍵，即將成功呢？

其實，只要能在全力以赴的同時，看清楚選擇的目標，對市場形勢和本身的競爭優勢有正確的分析和評估，那麼不管別人怎麼阻擋，不管其他人評估市場剩下多少機會，最終的成功一定是屬於你的。

3

讓每一件商品
擁有獨一無二的價值

大量的生產雖然可以增加銷售量，但產品的稀有度將跟著下降。這不僅對產品有傷害，更讓商家不斷面臨銷售業績的壓力。

抓住機會，就能突破重圍

機會出現時，千萬不要輕易放棄，要將所有的困境當作考驗。只要不被自己的退縮擊倒，外在的阻力再強都不足以成為阻礙。

根據醫學研究報告，選對好牙刷才能保護我們口腔的健康，只要口腔健康，我們自然會有健康的身體。

爲了這個原因，人們很努力研究看似不起眼的小牙刷，在不斷推陳出新的口腔保衛戰裡，更有人積極研發、改進刷毛的功能，也因此提升了人類的生活品質，並爲自己創造出燦爛的職場生涯。

你必須學習的經驗

一向以勤勞著稱的日本人，只要一踏入工作，無論在什麼樣的環境裡無不處在神情緊張、埋頭苦幹的狀態中。日本獅王牙刷公司的職員加藤信三也是如此，每天一大早就起床，即使睡意仍濃，仍然得硬撐著身體起床，而且爲了趕上打卡時間，經常是閉著眼、糊裡糊塗地梳洗完畢。

這天，他又感覺到自己的牙齦出血，因爲牙刷將他的牙齦刷出了傷口，不禁火冒三丈地將牙刷扔到地上：「這是什麼牙刷，害我又流血了！」

就在這個時候，加藤信三轉念一想：「我每次刷牙後牙齦都會流血，那其他人想必也和我一樣吧！這種傳統牙刷一定有很多人想丟棄不用，但是又沒有更好的替代品。嗯，如果我可以找出解決辦法，必將有一番作爲。」

想到這裡，加藤信三雙眼爲之一亮，炯炯有神地看著窗外，心中出現了一些創新的想法。他從將刷毛改成「軟毛」開始做起，發現雖然改成軟毛後不再刷出傷口，但是塞在牙縫裡的東西卻變得很難清理，接著他又想出讓牙刷浸泡溫水變軟的方式，還有使牙膏的泡沫多一點……等等。

可是，儘管想了這麼多方法卻始終都有缺點。這天，加藤信三抓頭苦思時順手拿放大鏡觀看牙刷的尖端，沒想到這個無意識的小動作卻讓他想到一個前所未有的牙刷改革方式。

「一般牙刷的尖端是四角形的，正因爲這種四角形的頂端稜角尖銳，很容易刺破牙齦，若是把刷毛的頂端磨成圓形，那麼使用時就不出血了。」加藤信三一步步地推想。

在將刷毛頂端磨成圓形之後，新牙刷果然不再刺傷牙齦了，經過進一步的試驗後，結果也十分理想，他這才向公司正式提出構想。看著這份詳盡的報告書，公司立即點頭採納了他的新創意。

一推出後，獅王牌牙刷立即成爲熱賣產品，不斷改良下，至今仍長盛不衰。從推出後到今天，該品牌的牙刷每年仍佔全日本牙刷銷售總量的百分之四十，成爲歷久不衰的長青品牌。

面對生活中不滿意之事，加藤信三並沒有一味地大發牢騷，而是化埋怨爲改革動力，進而積極把握這個改變未來的好機會。爲了提升自己的生活品質，加藤信三積極研發牙刷的材質，一次又一次的試驗，也一次又一次的失敗，歷經無數失望與希望的交錯情緒後仍不放手，最終一舉成功。

獅王牌牙刷有今天的成就，全靠加藤信三「不放棄」的決心。對未來充滿希望憧憬的他提醒我們：「機會出現時千萬不要輕易放棄，要將所有的困境當作考驗。只要不被自己的退縮擊倒，外在的阻力再強都不足以成為阻礙。」

用心留意平常小事的加藤信三，靠著自己的智慧與努力，不僅改變了自己的生活，更進一步提升人類的生活品質。

強烈的企圖心是成功的關鍵，絕心不放棄的執著是達成目標的動力，即便困難再多，都敵不過堅強的決心。只要有勇氣放手一搏，在強敵林立的商戰市場上必定能闖出一片屬於自己的天空；即便現在的地盤還很小，只要有膽識突破重圍，未來必定無限寬廣。

讓每一件商品擁有獨一無二的價值

大量的生產雖然可以增加銷售量，但產品的稀有度將跟著下降。這不僅對產品有傷害，更讓商家不斷面臨銷售業績的壓力。

不論想在哪個行業發展，除了要累積一定的本錢外，更重要的是腦袋能否想出用最少的本錢，獲得最大利潤的獨特創意。懂得絞盡腦汁，讓創意發揮最大的威力，就是致富的不二法門。

每個人都認爲自己是最獨特的，所以每個人的內心都希望自己擁有的東西是世上絕無僅有的。

於是，讓每一件商品都獨一無二，是許多名牌業者堅持的方向，當單品限量發行的行銷方式越來越廣泛時，消費者爲了搶做唯一的心理也漸漸被挑起，對於價格的考量因而變得不甚在意了。

你必須學習的經驗

在日本東京，有一間名爲Weekends的服飾店特別吸引中學生。其中又以從其他城鎭到東京玩樂的女學生，尤其喜愛這間店，她們每次到訪東京，都一定會到這裡一遊。

甚至有人回去後還會寄感謝信來，信上幾乎都這麼寫：「到貴店購物的經驗眞是我生活中的一大樂趣。」

只是，Weekends服飾店究竟有什麼魅力，能使這麼多女學生們著迷呢？

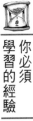

答案就在老闆近藤伸夫的話裡，「因爲我們製作了獨一無二的裝飾品。」

原來，即便是在百貨公司或專賣店可能都找不到的別針、項鍊或塡充玩具，到了Weekends這裡，一定可以得到滿意的答案。

很有生意頭腦的近藤伸夫爲了配合中學生的購買熱潮，特別設定該店的促銷活動，集中安排在學校放假的三月、八月和十二月。在這段時間內，他們會安排各式各樣的促銷活動，或是推出新品上市大肆宣傳。

自開業以來，他們主要產品「狗、熊、天使、花」四種個性化商品雖然一直上市，但是設計者每年都會設計出不同的造型。主題雖然不變，但至少在外型上或小裝飾的設計上一定會稍做變化。

Weekends所出售的商品只有二千件，每一項產品賣完之後便不再生產。在限量獨賣的情況下，更增加了每件產品的收藏價值。

曾經有對母女一同到該店選購，當女兒看中其中一樣商品並要求母親買下它時，母親居然也跟著嚷嚷說：「我也要！」

由此，我們不難看出Weekends的魅力所在。

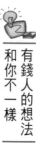

有錢人的想法和你不一樣

在看似單純的消費行爲中，其實消費者藉由產品獨一無二的特性中，感受到自己也具有獨特性，從而轉化成得到「唯一」的感受。

在近藤伸夫限量銷售的堅持中，我們也看見了他的創意，大量的生產雖然可以增加銷售量，但產品的稀有度將跟著下降。這不僅對產品有傷害，更會讓商家不斷面臨銷售業績的壓力。

我們從近藤伸夫的話語中發現，「獨一無二」是Weekends產品的一種保證。他讓消費者們相信，每一件能上架的Weekends產品都是最好的，消費者無論買哪一樣都是物超所值，因爲每一件商品都有獨一無二的特質，未來也有無限的增值空間。

在買方賣方共造雙贏的概念下，近藤伸夫的誠意贏得了消費者永久的支持。在他用心變化的創意巧思中，每一個消費族群都被他的誠心感動。當然使他的產品也創下了高額的銷售成績。

退一步就會看見側面進攻的機會

不必急於投入流行市場，可以退一步尋找其他入口。或是彎道多一些，但只要走對方向，再崎嶇也一定能達到終點。

透過觀察比較，我們可以知道，有錢人真正比沒錢人高明的地方，在於他們都是「藍海策略」的奉行者。

他們把賺錢當成一種習慣，既不盲從，也不一味模仿，而是明確果斷、大刀闊斧，勇於走自己的道路，這才是致富的最佳捷徑。

跟著別人的腳步走容易出現盲點，一味地相信路是筆直平坦的人，很容易錯失轉彎的時機。聰明的人從不盲從，無論別人怎麼說，在他們的心底始終都有定見：「面對未來，要懂得見風轉舵，那不是為了迎合，而是為了避免一再誤入陷阱。」

因此，懂得退讓靜思的人，自然會看見前方的危險，更能在退一步時看見隱藏在旁的生路。

你必須學習的經驗

還未正式踏入石油界的洛克菲勒一開始只是個沒沒無聞的小角色，不過在成爲美國石油大王之前，他便已經懂得「側面進攻」的經營之道。

當年美國各地陸續發現石油礦產時，實力雄厚的大企業家紛紛蜂擁而至，大肆開採石油，於是各式鷹架與油槽在美國各地紛紛出現。在此同時，原本也要加入石油開採戰場的洛克菲勒，卻回到家中靜思，想到了一件事：「每個人都忙於開採石油，那這個產業肯定會負載過重。」

於是，他決定先不投入石油探鑽市場，轉向生產原料的「下游工業」去，他不與衆人爭搶，只想專注於自己未來的發展機會。因此，他走遍下游廠商求職，

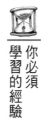

最後他終於在一間煉油廠中找到擔任工程師的機會。

洛克菲勒的決定沒有錯，只要有邁向未來的積極企圖心，機會始終都會站在身邊。因此，當各地石油紛紛開採出來後，只懂開採原油的工廠也開始找尋煉油廠幫忙，因爲原油得加工後才能使用，附加價值才會提高。

這時已經投入煉油廠工作的洛克菲勒，正在這間當地僅有的煉油廠中從事研發工作，擁有市場上的絕對優勢。

累積了人脈與經驗之後，他的石油事業也有了全新收穫。後來，結合了各家原油業者，洛克菲勒的石油王國也正式成形。

有錢人的想法 和你不一樣

對洛克菲勒來說，開採石油確實是個很好的致富機會，然而面對蜂擁而至的投機客，敏銳的洛克菲勒立即停下腳步，因爲他知道：「過多的投機客會讓市場迅速消耗，一旦風潮過後，勢必要淘汰許多人。我們不必急於投入流行市場，可以退一步尋找其他入口。或許路得多走幾步，或是彎道多一些，但只要走對方向，再崎嶇也一定能達到終點。」

我們看見了洛克菲勒未雨綢繆的智慧，更看見他積極地調整了前進的方向。他的大目標從未改變，雖然初踏進的是原料加工廠，但始終沒脫離石油產業，在這裡他把握了更多的資源和機會，也更加清楚地規劃他的未來。

透過這個例子，我們也領悟到：不是非得循著某個線道才能達到目標，更不是一定要與人競爭、分出輸贏才算有成就。偶爾退幾步路，走向一條必須靠自己除草舖路的新道路，才更能了解這個領域的甘苦。由於這一個轉彎，面對未來的機會來臨時，我們才會更懂得把握與珍惜。

限量生產讓產品更有價值

在習慣以名品標榜自我價值的時代，產量越少的商品反而越能刺激消費欲。減量生產與限量銷售反而更讓業績衝出驚人的結果。

在市場上，我們不難發現商家們運用「稀有」戰術以達到搶購的熱潮。他們經常打出：「本商品不再進貨，請消費者把握機會！今天是最後一次促銷，錯過了實在可惜！」

當「商品賣完不再生產」的口號進入消費者的耳朵時，許多人便會被這句話催眠，最終忍不住上前搶購。業者也發現到這個現象，因此有越來越多的業者不再大批進貨，而是精選一兩件貨品，然後標高價格，讓人們產生「稀有、珍貴」的產品認同。

你必須學習的經驗

有個畫廊的老闆看中一位印度畫家的三幅畫作，於是向他詢問畫作的價格，印度畫家說：「不二價，二百五十美元。」

「二百五十美元，太貴了！」

這價格對老闆來說的確太貴了，因為當時一般價格都是在一百美元到一百五十美元之間，因此畫商當然不願意付二百五十美元的價格，不過他眞的很喜歡這三幅畫，只好繼續殺價：「低一點吧！這麼貴沒人買喔！」

畫家拿起其中一幅畫，笑著問：「沒人買嗎？」

在回應老闆殺價時，畫家突然將手中的畫作猛然往一旁的火爐裡丟，接著對老闆說：「對不起，我還是認為它們有二百五十美元的價值。」

看著喜愛的畫作身陷火海，畫廊老闆心如刀割，但是面對這場價格戰，他似乎不願妥協，只見他壓抑著情緒說：「不然這樣好了，二百美元！」

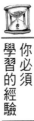

畫家一聽冷笑一聲，拿起另一幅畫端詳了好一會兒，竟將第二幅畫也丟入火堆中。老闆完全沒料到他竟然捨得一再燒毀自己的畫作，看著最後一幅畫，忍不住說：「別再燒了，這是最後一幅畫啊！好吧，就依你說的價格吧！」

沒想到畫家居然說：「是嗎？決定照我說的價格，那就五百美元吧！」

「五百？」老闆滿臉吃驚地問道。

「沒錯，五百美元。您想想看，一幅畫的價值怎能和三幅畫相比呢？」印度人冷冷地說。老闆這回終於妥協了，望著熊熊烈火中的畫作成了灰燼，心想或許倍增的價格多少能彌補它們的犧牲。

後來，有人問畫家怎麼捨得燒了畫作，畫家說：「沒什麼捨不捨得，只是人們不懂得珍惜，非得等到絕無僅有的地步才知道東西的無價。面對這樣的老闆，明知道他很喜歡這些畫作，也不能忍受他爲了畫作的量與價格考慮半天，於是我只好燒掉讓他猶豫不決的阻礙囉！」

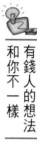

對於自己苦思出來的創作，每位設計師當然都會認定它們價值非凡，一旦準備發行上市時，幾乎都想限量發行，不願意大量生產。儘管收入有限，但限量發行卻是提升創意價值最好的方式。

我們都知道「物以稀爲貴」，因此限量產品的價格經常貴得驚人，不過價格再昂貴，還是有人願意購買。不僅因爲有「增值」的空間，更因爲象徵絕無僅有、獨一無二的地位。特別是在習慣以名品標榜自我價值的時代，產量越少的商品反而越能刺激消費慾。

一如故事中的印度畫家，在保護創作價值的堅持中，抓緊了「稀有」的銷售策略，並以「犧牲」的促銷模式來要求畫商妥協，最終果然達成目的，當然也更增加了作品的無可取代性。

不是銷售量越多就一定越好，也不是低價促銷就一定能得到好成績。當產品生產過量，或是同一商品的市場過度飽和時，減量生產與限量銷售反而更能讓業績衝出驚人的結果。

商機就藏在孩子們的心中

父母們想「付出越多越好」的態度正是他們拓展業務的絕佳機會。因為只要能吸引孩子們的關注，自然能誘使父母掏錢消費。

因爲父母親對孩子們萬分疼愛，所以邁入商業時代之後，很多商人認爲最好賺的錢是販賣兒童商品。

事實上正是如此，每當家長帶著孩子走進商店，來到櫃台付帳時，幾乎每個孩子的手中都會緊緊捉住一兩樣東西，無論父母親怎麼勸說，孩子們始終堅持不放。溝通到最後，幾乎所有的父母親都投降了，帳單上免不了多記上這一筆「孩子的慾望」。

你必須學習的經驗

在麥當勞過生日，已經成爲許多家長每年爲寶貝們慶生的例行公事。因爲麥當勞已規劃出專門讓孩子們慶生的遊樂區。此外，員工們還會巧扮玩偶來爲孩子們點上生日蠟燭，並兼任孩子們的臨時保姆，種種優點不僅讓家長們放心，更吸引孩子們的目光。

當孩子切蛋糕時，生日快樂歌也跟著響起，在此同時，廣播器還會傳來祝賀小朋友生日快樂的聲音，使歡樂的氣氛達到巔峰。

不僅如此，經過訓練的麥當勞服務員還會親自爲小朋友主持生日會，她們一邊親切地張羅孩子們的需要，一邊熟練地指揮現場的小朋友玩遊戲，這些安排看在父母親的眼中當然十分放心。

當周圍的人也分享到這份喜悅時，麥當勞本身也贏得了顧客們的喜愛。於是，他們也將一場接一場地舉辦其他小朋友的生日宴會。

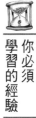

有錢人的想法 和你不一樣

父母親總無怨無悔地爲孩子們付出，爲了滿足孩子們的需要，更爲了聽見孩子們的歡笑聲，天下所有父母親從來不計較爲孩子付出多少，甚至他們會要求自己能付出越多越好。

對商人們來說，父母們想「付出越多越好」的態度正是他們拓展業務的絕佳機會。他們積極地從討好孩子們著手，因爲他們知道：「只要能吸引孩子們的關注，自然能誘使父母掏錢消費。」

就像麥當勞的經營者就深知此點，爲了滿足孩子們的心，他們在用盡巧思規劃出孩子們的遊戲間之後，更推出「生日派對」的計劃。父母親只需要支付一筆金額，他們便會安排一場歡樂又豐富的生日宴會，其中包括安排各種趣味遊戲以及孩子們的飲食。

在這裡，父母親不必費心張羅孩子們的食物，更不必絞盡腦汁地構思遊戲，只要花一點錢便有專人服務，十分方便。再加上麥當勞親切的企業形象，讓父母親們能安心地將孩子們放到那裡。

只要緊抓著孩子們的心，自然會有人掏錢消費了，無怪乎經常有人這麼說：「小朋友的錢最好賺了！」

只是，孩子們的錢再好賺也要賺得問心無愧，孩子是父母的心頭肉，因此即使騙得了孩子，也不一定躲得了父母們的細心觀察。

爲了孩子們著想，父母親在滿足孩子們的慾望時也得不忘嚴格把關，一旦服務不周或是產品缺乏安全性，他們便會找出其他值得信任的替代品，並把出紕漏的商品列爲永久性拒絕往來戶。

因此，不要一味只想著「錢潮」，想在衆多商品中鶴立雞群，不被淹沒在一窩蜂的浪潮中，必須提出品質保證，才能眞正換得父母親的信任與支持。

贈品的威力無人能抗拒

「贈品」是刺激消費者慾望的最好方法，因此即使明知「羊毛出在羊身上」，大多數人還是會惑於低價贈品，貪小便宜。

新產品上市時，業者最常運用的宣傳花招就是特價或附加贈品，消費者面對這類行銷方式幾乎毫無抵抗力。我們不就時常見到，一聽說有商品超低價特惠，百貨專櫃前立即大排長龍？

換句話說，業者只要抓準了消費者的慾望，明白人人都有貪小便宜的消費心態，那麼即使贈品的背後暗藏著各種玄機，顧客們還是只看得見表面「特價優惠」的小利。

你必須學習的經驗

位於寧波河頭的鴻興飯店從創業之後，成績一直不盡理想。老闆姜山人看著毫無起色的業績，雖然情緒日漸低落，但他仍想繼續撐下去，不願放棄。

在這個外食人口驟增的時代，餐飲業的競爭也越來越激烈。各家餐館除了加強服務品質之外，偶爾還得打出特惠餐點或無限量供應等促銷方法來吸引人潮。苦無對策的姜老闆於是想出一個方法，他向當地船長請託，希望船長能擔任飯店的宣傳人員。

姜老闆想透過船長廣闊的人脈與交遊，向朋友們宣傳鴻興飯店，此外他還打出一個促銷廣告：「鴻興飯店販售的紹興酒比市場上便宜一半。」

一聽說紹興酒居然打到五折，許多貪小便宜又喜好紹興酒的饕客紛紛湧進店裡。他們雖然全是衝著紹興酒而來，不過一走進餐館，許多人都會順便在這裡吃頓飯，於是鴻興飯店藉著紹興酒之名達到了行銷飯店的目的。

「不過，這也不是長久之計啊！一缺酒，顧客又不見了，我又不可能天天都有酒可以賣。」姜老闆一發現這個問題，立即構思新的方法。

不久之後，鴻興飯店的門外貼出一張告示：「只要到店裡用餐，本店將免費供應一斤黃酒。」

吃頓飯還贈好酒，這一招果然吸引人。不會喝酒的人雖然不能自己享用，卻可以送給別人喝，所以無論如何都能吸引大批顧客，因此爲飯店招徠了源源不絕的客人，甚至有人走了幾十里路來這裡吃頓飯，目的就是這一斤免費的黃酒。只是，當人人專注於「免費黃酒」的好處時，卻沒有人發現飯菜上的小改變。羊毛出在羊身上，姜老闆早就對飯菜內容做了小修正，他只需要對菜量上東扣西減個幾克，便可將那一斤酒的成本全部補足回來了。

有錢人的想法 和你不一樣

「贈品」是刺激消費者慾望的最好方法。儘管也許有人可能會質疑消費者是否只看得見「利我」的特惠廣告，卻看不見飯菜縮水，但事實上因爲人們早就習慣了只看事情的表面，因此即使明知「羊毛出在羊身上」，大多數人還是會惑於低價贈品，貪小便宜。

讓人吃點甜頭，以爲自己佔了便宜，這是許多經營者最常用的伎倆。畢竟消費者的心理並不難猜，只要能給他們多佔一點便宜，便很容易上勾了。

對經營者來說，怎樣締造業績才是事業的重點；對消費者而言，如何避免被商家多佔便宜才是最大的考量。

只是在爾虞我詐的消費互動中，我們很難找到眞正的平衡點。因此，在充滿心理戰略的消費市場上，除了要求店家偶爾犧牲一下利潤來刺激消費，加上消費者多貨比三家之外，似乎再也沒有更好的戰略了。

不過，其實在這個你情我願的消費市場中，只要賓主盡歡，吃點小虧我們也不必太過計較了，不是嗎？

以趣味活動加深消費者對產品的印象

廠商常以趣味活動來吸引人潮，再透過直接參與活動，讓消費者更加了解產品。無形中建立了消費者對商品的親切感與信任感。

在競爭激烈的商場上，業者爲了提升產品的知名度，無不費盡心思想出各式宣傳花招。爲了達到新產品的曝光率，宣傳活動不僅越來越盛大，更無所不用其極，只是成效如何，大概只有等到業績出爐後才有定論。

不過，無論成績如何，如今的廣告幾乎都被要求趣味與誇張兼備，因爲，只要充滿趣味便能吸引消費者的目光，只要夠誇張就能激發消費者的好奇。

你必須學習的經驗

早期，上海的啤酒市場全被歐美啤酒商壟斷。當時中國也有一款自產的「煙台啤酒」，但是對於喝慣歐美啤酒的上海人而言，對於「煙台啤酒」毫不熟悉，即使偶爾出現廣告也無人問津。

對此，煙台啤酒苦思戰略。爲了打入上海的市場，他們特別策劃了一個前所未有的絕妙廣告戰。

他們與上海新世界遊樂場商談，並決定與他們簽約合作。

不久之後，他們開始在上海各大報刊登了一則啓事：「即日起來到新世界遊樂場的人，只要拿著當天的門票，就能到服務處換取煙台啤酒廠獨家贈送的毛巾一條。每天煙台啤酒將在現場舉辦免費試飲活動，而且是無限量供應，只要您喝得下儘量喝，另外，現場還有暢飲啤酒的活動，當天喝下最多的人還有獎品可拿喔！」

廣告一出，人們紛紛湧入新世界遊樂中心。活動的第一天便喝掉了二萬四千瓶啤酒。對於這個空前的盛況，各大報在第二天都以頭版新聞來報導，他們生動地報導了這次啤酒活動的盛況。

辦完這場盛會後，煙台酒廠又出新招。

報上登出了這麼一則消息：「本周日，煙台啤酒廠將在半松公園內某處埋藏一瓶煙台啤酒，只要您能找到這瓶酒，我們將贈送二十箱啤酒給您。」

消息一出，周日公園內便湧進成千上萬的上海市民，兩個促銷活動所帶來的人潮可說是前所未見。

當然人們從這兩場活動中收穫不少，他們不僅得到了生活的樂趣，也更加認識「煙台啤酒」這個原本不爲人知的品牌。

有錢人的想法 和你不一樣

在行銷產品時，廠商常以趣味活動來吸引人潮，再透過直接參與活動，讓消費者能更加了解產品。在這些輕鬆趣味的交流過程中，無形中建立了消費者對商品的親切感與信任感。

就像故事中遲遲無法打開市場的煙台啤酒，藉由不同主題的場地來搭配不同的促銷活動，一來不僅能加深民衆的印象，二來更能增加消費者的聯想力。產品與活動場所一有了連接，只要他們來到這些地方，便會聯想起「煙台啤酒」這幾個字，這其實也是一種產品代言的方式。

現實生活中，業者花招百出的宣傳活動，以及獨樹一格的行銷方式，目的都只是爲了刺激消費者的購買慾望而已。

只要商人能找出最吸引消費者的方法，就能成功地挑起消費者的購買慾，也得以創造業績、增加收益了。

利用宣傳活動來拓展消費市場

透過各種活動來測試市場的趨勢，才能隨時調整未來的經營方向，如此方能不落人後，將市場潮流緊握手中，獨佔鼇頭。

就像人際互動一般，產品行銷更需要透過與顧客間的實際交流來取得意見。爲了試探消費者的口味，有人會上街發送試用品，然後在回函問卷中發現問題、進行修正；還有一些商家會以促銷活動來增加產品的曝光率，以便達到宣傳行銷的目的。

眞正的宣傳不是安靜地透過海報或是媒體廣告就好，製造商親自上街與消費者面對面接觸，刺激消費的成效將更爲顯著。

你必須學習的經驗

「林河酒廠品酒節，試飲後能答對酒名，免費贈酒一瓶。」

許多行人都忍不住停下腳步仔細看這則廣告，特別是那些喜好杯中物的人，更馬上到酒商的櫃台前報名，現場熱鬧非凡。

林河酒商擺出了林河特麯、大麯、二麯等六種名酒，然後分別盛在已編好號碼的酒杯中，讓顧客們挑選品嚐。只要客人們答對了酒名，他們立即拿出同款酒一瓶贈予顧客。

那麼，未能猜中的顧客呢？其實，根本沒有人在意有沒有猜中，因爲這個試喝競賽的趣味性勝於一切，有免費品嚐的機會已經足夠了。不論是酒鬼或是只好小酌的人，試嚐過這麼多好酒之後，不免會嚐到自己偏好的口味，即使未能猜中、拿獎品，也很樂意花錢帶幾瓶回家。

小小的有獎徵答活動刺激了人潮，也刺激了消費，果然是一舉兩得。

活動進行兩個多小時後，林河酒廠已送出了七十瓶酒。有人忍不住問：「這裡的酒鬼那麼多，這樣促銷實在太笨了！」

對一般人來說，兩個小時內白白送出七十瓶酒，實在令人擔憂。

不過，廠長卻說：「不會啦！現在虧一點點而已，活動結束後，我們肯定能連本帶利地全數賺回！」

事實上，在這個活動中他們的確拓展了許多新業務。

透過這場試喝贈酒的宣傳活動，許多公司行號紛紛向他們下訂單，例如某間酒店的經理便在試喝之後，當場就決定從此林河酒廠將成爲他們的新酒商，還有一間食品公司的業務員也來簽合約，更有來自其他城市的經理商，想與他們洽談到外埠販售林河酒的代理權。

此外，原本深受仿冒之害的林河酒廠，也藉由這場宣傳活動教大眾分辨眞假林河酒的不同。於是在這場活動後，酒廠果收穫豐盛。

對林河酒廠來說，一場宣傳活動不僅推廣了名聲，更扼阻了仿冒的惡行，這當然不能用廣告成本與銷售業績來估算價值。怎樣才算成果卓著或物超所值，這和人們努力工作的道理一樣，有付出自然會有收穫。

偶爾舉辦活動，刺激或是增加消費者購買慾，是許多公司經常進行的宣傳計劃。不少名聲已在市場上打下了基礎的公司反而比其他小公司更積極地舉辦活動，除了再度拉攏顧客們的心，更不斷喚起消費者對公司產品的記憶，進而挑動他們的消費慾望。這些都是隨時舉辦宣傳活動的好處，也讓公司名聲永遠存在消費者的腦海中。

想拓展業務並不難，問題在於經營者肯花多少心思。眼前的成功並不代表永遠都能如此風光，在這個消費者胃口多變的市場上，透過各種活動來測試市場的趨勢，才能隨時調整未來的經營方向，如此方能不落人後，將市場潮流緊握手中，獨佔鰲頭。

想出最能感動人心的廣告詞

從行銷學來說，「打動人心」是很重要的，只要能打動消費者的心，自然能讓人們對產品產生認同感。

你必須學習的經驗

人是具有情感的動物，這個世界上沒有眞正冷血的人，無論一個人再怎麼冷漠，他的心永遠都有易感之處。

因此無論在推廣什麼樣的產品時，大多數行銷企劃人員都會以「人」爲根本，從人的角度去發想，以期構思出一句最能打動人心的話，或是最溫暖的廣告情境，進而喚起觀衆的消費慾望。

「達新牌」與「三和牌」是我們非常熟悉的老品牌，過去它們的廣告也經常在報紙、電視上出現。由於這兩家公司的產品性質十分相近，所以暗地裡彼此也競爭相當激烈。

有一年，兩間公司居然不約而同地推出一款反光雨衣，爲此雙方展開了一場前所未有的廝殺。

這款反光雨衣最大的用途是顧及到夜間行車的安全。除了反光是主要賣點之外，雙方都絞盡腦汁加強雨衣的造形與實用性，讓這件雨衣不只能在雨天穿著，天冷時還能當夾克來穿。

這場雨衣大戰廝殺到最後，三和牌獲勝了。

令人感到訝異的是，三和牌之所以獲勝的主因居然不在設計、品質與價格上。每個人都想不通，爲何兩者性質雷同，三和牌得以勝出？

三和牌成功的關鍵全靠這句打動人心的廣告詞：「穿上它，一百公尺外就能看見我了。」

「一百公尺外就能看到我」這麼簡單、具體且人人都能懂的台詞，令消費者不必多花心思考慮，就能從中得到穿上三和牌雨衣的安全感。

反觀達新牌的廣告：「安全、防雨，又漂亮！」雖然也很簡單明瞭，但是人們看不見其中重點，更無法了解商品的特色，表達的強度確實不如「一百公尺外就能看見我」那麼簡明深刻。

靠著這麼一句廣告詞，讓三和牌成功地推銷了新產品，也再次超越了達新牌的地位。

有錢人的想法和你不一樣

只要運用得當，一句令人印象深刻的廣告台詞影響力絕對不凡。就像以上例子中三和牌與達新牌的廣告大戰，相同的產品在不同切入角度的廣告詞中，給予消費者不同程度的信任感，也因而交出了成果有天壤之別的銷售成績單。

三和牌以第一人稱來加深親和力，並讓消費者在不知不覺中對反光雨衣的功能產生信心。「一百公尺外就能看見我」更讓顧客直接感受到三和牌反光雨衣的

誠意，更感受到「一切爲我」的關懷和體貼。

一句看似平凡的廣告台詞，就能讓人們獲得如此的好感，可見廣告詞的重要性不可輕忽。反觀達新牌的廣告雖然簡潔明白，但是其中傳達的情感的確不如三和牌的台詞來得深刻。

從行銷學來說，能「打動人心」是很重要的，只要能打動消費者的心，能想出一句充滿感情的廣告詞，自然能讓人們對產品產生認同感。

因此在宣傳時，不能輕忽每一個細節，更要發想出最感動人心的一句廣告詞，如此才能收到宣傳的成效。

4

不要用情緒經營你的事業

不管情緒多麼激烈，也不管情況如何不利，問題始終要解決，只要能充分掌握自己的情緒，勝利始終會站在自己這邊。

機會仍在，不要輕易放棄

不必擔心，只要你能堅持下去，只要你願意積極地充實自己，你的貴人與機會不久就會出現。

你確定錯過機會了嗎？你確定再也沒有機會了嗎？

從來沒有人可以很明確地告訴我們：「你再也沒有機會了！」既然答案未定，我們怎麼能在這個時候放棄自己？

機會的創造者一直都是我們自己。路的盡頭都還未走到，我們怎能半途而廢，回到原點？生活應該是往前走的，不到最後關頭，絕不能輕言放棄，因爲機會從來都不會放棄積極前進的人！

你必須學習的經驗

富上弦樂器製造會社不僅是日本最著名的吉他製造商，吉他製造品質更是舉世聞名。如今，富上的吉他銷售量約佔全世界吉他市場的百分之二十五。能有如此成就，富上公司的創始人橫內一郎自是功不可沒。只要接觸過富上弦樂器的人，也幾乎都聽過橫內一郎創業的那段辛酸歷程。

創業之初，橫內一郎面臨國內經濟不景氣，像吉他這樣的奢侈品當然乏人問津。最後，橫內一郎只好決定遠渡重洋，跨海到吉他市場較大的美國去銷售他製作的吉他。

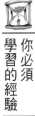

一踏上美國土地，對英文一竅不通的橫內一郎，不僅四處碰壁，再加上單純只懂製造卻不了解音樂的情況下，這條異鄉之路走得相當辛苦。

不懂美國文化習俗，又無法溝通的情況下，橫內帶著沉重的吉他處處受阻。三個月的時間過去了，最後他竟連一把吉他都沒有賣出。就這樣背負著吉他，每天在美國街頭流浪的横內，忍不住紅了眼眶：「爲什麼我到來這兒呢？如今口袋空空，我還有什麼臉回去見家人？」

心情淒楚的横內百感交集，好幾度想一死了之。

正當横內走投無路的時候，有天在街上遇到了一位六十歲的美國醫生。這個醫生看見臉色慘白的横內，好心地上前慰問：「年輕人，你不要緊吧！要不要到我家休息一下？」

像似天使般的聲音，横內一郎看著和藹的老醫生，激動得說不出話來，只能不斷地猛點頭來表示他的意願。

於是，老醫生收留了横內一郎，不僅供應他吃住，還教導他英文。經過兩個星期的教學，横內已經能用簡單的英文談論自己的看法和想法了。

老醫生對於横內的努力與成果十分高興。這天，他對横內說：「年輕人，你的英文已經畢業。這些單字足夠你做生意了，快去推銷你的吉他吧！」

聽見老醫生的鼓勵，横內原本絕望的心情又升起了希望，重新提起從日本帶來的兩把吉他，積極地奔走於紐約的各家吉他公司。

如今，他英文略通，也略爲了解美國社會的人情風俗。雖然他的英文仍然十分生硬，但是紐約吉他公司的老闆們全都明白了他是日本製造吉他的高手！

這一次橫內一郎總算打進美國吉他市場。接下來，他還談成了一筆七萬五千美元的吉他銷售合約。

成功地跨出這一步後，橫內一郎欣喜萬分，從此更是自信滿滿。走遍紐約之後，他開始周遊美國各大城市，憑著背水一戰的決心，橫內一郎奇蹟似地只花費了不到一個月的時間，便簽下了約二百五十萬美元的吉他訂單。

有錢人的想法和你不一樣

因爲老醫生的好心幫忙，也因爲橫內一郎的決心振作，所以富上弦樂器公司有了成就非凡的未來。

沒有人可以預料到明天會出現什麼危機，也沒有人會知道下一步是否會遇到奇蹟。無論心中存著擔心或是期待，想要成功致富，就要向前跨步，爲自己做下最聰明果斷的抉擇。

對橫內一郎來說，那段辛苦的路或許煎熬難耐，然而他最終還是走過了。而且正因爲走過那一段艱辛，反而讓他接下來的路走得更有自信且無懼，身爲企業經營者就要有這種精神不是嗎？

其實，不管身處什麼樣的地方，即使是來到人生地不熟的環境，每個人始終都能發揮生命的本能，一種努力要活下去的生存本能。只要能像橫內一郎一般勇於面對，積極振作，每個人一定都能品嚐到成功的甜美果實。

仔細閱讀老醫生的默默付出，不難看出，他想要讓橫內一郎與你我知道的生命態度：「不要放棄自己，無論你走過多少辛苦的路，都不要放棄。不必擔心未來會如何，只要你能堅持下去，只要你願意積極地充實自己，你的貴人與機會不久就會出現。」

不要用情緒經營你的事業

不管情緒多麼激烈，也不管情況如何不利，問題始終要解決，只要能充分掌握自己的情緒，勝利始終會站在自己這邊。

別讓情緒左右你的事業與人脈，一旦受困於思緒糾結、餘怒未消的情境中，根本無法聰明地迎戰。

別再讓壞情緒繼續累積。好的解決方法得在冷靜的情緒中才能發覺出來，雖然一時的挫折不代表永遠的失敗，但如果不斷用情緒來面對事情、處理問題，失敗恐怕會一直如影隨形。

你必須學習的經驗

計程車這一行是由出生於紐約的亞倫所創。創業初期，他也經歷了種種困難、壓力和挫折。當初在紐約街道上還有許多馬車生意，因此馬車夫們爲了對抗計程車，刻意阻礙了汽車的道路，不時與司機們挑起糾紛，甚至還惡意砸壞了幾輛汽車，弄得亞倫出租汽車公司一直無法正常營業。

面對這個麻煩，亞倫忍不住向父親訴苦。他有些失控地怒吼著：「再這樣下去，我要發瘋了！」

誰知，父親只是冷冷地回應：「我還以爲你已經成熟了，想不到你的自制力還這麼差。」

「父親，不是我不想冷靜，你想想看，我費盡心血創立起來的事業，一再地被那些無賴損毀，我怎能無動於衷？」亞倫激動地說。

父親依然冷靜地說：「問題是他們並沒有搞垮你啊！現在，你不過是遇到通往成功必經的阻礙，你應該看得出來才對，馬車夫們的做法對出租汽車行業的發展其實是很有利的。」

「有利？」亞倫吃驚地問道。

父親說：「做生意講究的是鬥智不鬥氣啊！」

「鬥智！」亞倫喃喃道。

父親繼續說道：「是啊！只要你的手段再高明些，找出最有利的經營方法，讓對方不得不服輸，你就成功了！在商場上，沒有人能夠憑藉武力或是野蠻來擊倒對手。現在你之所以被他們逼得無路可走，全因爲你遇到問題時，只知道用情緒去面對，讓憤怒蒙蔽了你的雙眼，才會陷入困境。孩子，你應該知道一件事，只有在平靜的水面上我們才能看見事物的倒影，在波濤洶湧的水面上什麼也看不到。」

「計程車是未來的趨勢，你我都知道沒有人能阻擋得了它的發展，如果你現在決定放棄，當別人搶走這個機運時，你可別後悔啊！好好地冷靜下來，你自然能想出解決的辦法。」老亞倫提醒著兒子。

父親一番話令亞倫恍然大悟，開始認眞思考解決的方法。首先，他舉行了一個記者招待會，表示對馬車夫們的同情，還提出幫助馬車夫轉入計程車行業的辦法，用具體的數字說明計程車的收入將比馬車高。

接著，他還暗中請各界分析師寫評論，仔細分析計程車的未來趨勢，明確地告訴世人——計程車最後終將取代馬車。

此外，針對那些不願改行的馬車夫，爲求自保，亞倫只得請求警方多加保護。慢慢地，顧客們開始改坐舒適便捷的計乘車，到後來，計程車果眞完全取代了傳統的馬車運輸。

有錢人的想法和你不一樣

「只有平靜的水面才能顯現事物的倒影，在在波濤洶湧的水面上你什麼也看不到！」老亞倫的話確實發人深省。

當我們急躁地追求成功時，的確經常看不見前方的危機。雖然我們經常遭遇跌倒、挫敗，但是許多人每每等到渾身是傷時，才知道要平靜情緒、冷靜面對問題，然後才能小心應付每一個危機。

當亞倫用情緒面對問題時，的確處處出現盲點。一味地急躁與憤怒，當然沒有多餘的時間來思考解決的辦法。若不是老亞倫的提醒，亞倫的計程車事業恐怕也沒有辦法成功。

「不要用情緒解決問題」，硬碰硬的結果經常是是兩敗俱傷。」請仔細想想，無論處在什麼樣的環境中，不管情緒多麼激烈，也不管情況如何不利，問題始終要解決，未來的路也始終得繼續前進。

因此，波濤洶湧的情緒最後也都要平靜下來。只要能充分掌握自己的情緒，勝利終會站在自己這邊。

想找出商機，就要多聽消費者的聲音

消費者在實際參與和研發的過程中，不僅能直接了解產品的特色，更能讓商家抓緊市場的脈動，互蒙其利。

「傾聽」一向是人與人之間交流時，應該把握的重要原則，那是聽見對方內心聲音的最好方法，也幫自己找出問題的癥結所在，更讓自己準確地點出人際關係上的問題。

與人際交流時的需要相同，經營者與消費者之間的關係更是如此，只要能多傾聽消費者的感受，就能準確滿足消費者的慾望。

所以，想找出最好的經營方向，就要多傾聽消費者的聲音，才能明確找出創造財富的方向。

你必須學習的經驗

某一天，三葉咖啡店的老闆發現，不同顏色能使人產生不同的感覺。他仔細地思考著：「如果，我能找出最吸引消費者的顏色，那麼肯定能吸引更多客人來消費。」

於是，他買來了咖啡色、藍色、黃色、紅色等顏色的杯子，然後開始進行測驗。經過三十個人的測驗後，他發現品嚐過的人一致認爲紅色杯子的咖啡較濃。品嚐過藍色杯子的咖啡後，大多數人則認爲太淡了！

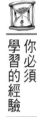

而使用咖啡色的杯子後，有一部份的人認爲偏濃，一部份的人則覺得較淡，最後使用黃色的杯子，結果大部份的人都說：「沒什麼味道。」

測驗結束後，老闆將咖啡店裡所有的杯子全部換成紅色的，這令許多人百思不解。老闆這才解釋道：「其實，咖啡杯裡的味道都一樣，只不過是人們對於顏色的感受不同，視覺上被色彩影響，因而讓人產生了咖啡濃淡不一的感覺。如今大家一致認爲紅色杯子的咖啡較濃，我當然要改用這一款杯子囉！這不僅能讓我多節省一些材料，還能讓大多數客人感到滿意呢！」

爲了看透消費心理，直接請消費者試用產品，不僅能減少選錯方向的機會，更能迅速試探出消費市場的偏好。

西屋電器公司也曾如此。當年他們剛研發出一款能保護眼睛的白色燈泡，推出市場前，請了一千三百個家庭試用兩款燈泡，其中之一便是這款白色燈泡。兩個星期過後，他們回收問卷，並總結出：「有百分之八十六的婦女們認爲白色燈泡比舊式燈泡更好，光線較爲舒適。」

在委託一百家商店試銷時，他們除了想出「具有特別性能的電燈泡」的廣告文宣外，更不忘分享一千三百家用戶的試用經驗，這也讓這款新型電燈泡很迅速地便打開市場。

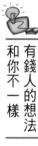

「消費者的偏好決定市場的發展趨勢」這是大多數經營者探測商機的基本認知，大多數商家在決戰商場之前，都會不斷測試市場需求，只要市場反應超越預期，便會增加生產的數目；一旦反應不如預期，有時候新產品會因此消聲匿跡。

從視覺感官刺激消費慾望的角度來思考，三葉咖啡老闆一再地進行測試，找出顧客們最有感覺的咖啡杯色彩，透過杯子的顏色來調和杯裡咖啡，熱情的紅色搭配上熱咖啡的溫度，果然讓人產生濃郁的錯覺，不僅達到節省成本的目的，最重要的是，滿足了顧客們想品嚐好咖啡的口腹之慾。

雖然試用只是個研究，卻也不失是行銷新品的良方，故事中的燈泡試用測驗便是最好的例證。透過消費者試用後的口碑，不僅換得更多人的信任，更能在街頭巷尾口耳相傳之後，輕易地拓展新產品的市場，或許這個方式傳統了些，然而它始終是歷久不衰的最佳行銷方法。

其實，無論是日本的咖啡店或是美國的電器公司，都是讓消費者來選出最適合自己的產品，消費者在實際參與和研發的過程中，不僅能直接了解產品的特色，更能讓商家抓緊市場的脈動，互蒙其利。

讓你的實力超越未來的需要

邁向未來的實力要從現在開始累積，在不斷地調整、提升產品水準的自我要求中，飛雅特汽車穩紮穩打地獲得成功地位，這正足以作為所有經營者的典範。

在瞬息萬變的商場上，人們總是想盡辦法掌握其中變化。問題是，許多人看見了未來的走向，卻還是無法在市場上佔有一席之地。

這是因爲在看見未來時，我們還要預先累積好自己的實力，方能輕鬆迎戰，更能成爲眞正走在時代前端的領航者。

你必須學習的經驗

一度排名世界第五、歐洲第二的飛雅特汽車，創業至今已經超過百年歷史了。在總結公司百年創業史時，飛雅特公司指出：「因爲我們抓準了國際化的目標，才能擁有今日卓越的成就。」

在小型車需求量高漲時，飛雅特公司已看準了市場趨勢，輕鬆因應；在許多企業受到石油危機波及時，唯有飛雅特公司避開了這些危機，這些全賴創始人喬瓦尼．阿涅利從福特公司學到的寶貴經驗。

一九○九年阿涅利到福特汽車廠參觀時，發現該廠從一年前便開始生產經濟型小汽車，這項研發是針對消費能力較低的市場，因此他們沒有硬性規定售價。這類小汽車與大汽車的功率一樣，但是每輛售價只要義幣八千里拉。阿涅利從中得到啓發，定下了未來汽車生產的戰略：「汽車小型化，生產系列化，以降低成本與售價來爭取市場。」

於是，飛雅特第一款小汽車誕生了，售價只有七千里拉，由於成本低、運輸方便，量產後每年有近二千多輛的市場需求。

雖然他們在售價上取得了優勢，不過「市場國際化」才是他們成功的主要原因。當時，義大利的經濟實力根本不及德、法、英等國家，因此義大利人對於汽車的需求量十分有限。飛雅特公司打從創辦初期就瞄準了國外市場，從一九〇一年開始，他們首先打入了法國市場，第二年，他們到英國推廣汽車底盤，第三年他踏上了美國，和福特汽車搶奪市場大餅。

在阿涅利積極拓展下，飛雅特汽車在五年內的出口總額高達公司營業總額的二成，其中又以他們生產的法拉利賽車最爲著名。

自一九六九年起，法拉利在各大賽車場上拿下一百多次的冠軍。飛雅特公司開始以最先進的技術，全心投入研發賽車型車款，並不惜重金聘用世界著名的賽車手來展現汽車的功能與實力，進而達到最大的宣傳作用。

如今，因爲賽車選手們的加持，法拉利車款已經成爲名人富豪展現身價的必備車款，再加上限量發行的模式，售價自然高得驚人。

未來的趨勢到底會怎麼走？經營者的實力得朝哪個方向去累積？

這些都是我們邁向未來時，必須不斷探索的目標，一如飛雅特汽車，從創始人阿涅利敏銳的觀察中，嗅出了福特汽車所預告的未來趨勢，也學習到必須不斷提升與修正每個腳步。

於是，我們看見品質日益卓越的飛特雅汽車，也慢慢帶起了汽車產業不斷向上提升的動力。爲了避免被市場淘汰，企業細心探測市場需求，積極修正自己的腳步；爲了讓業績能攀上高峰，汽車產業的經營者無不卯足全力向前衝。如今汽車品牌與時尚流行、品質保證結爲一體，缺一不可，未來的汽車市場仍將在這樣的組合下，繼續推陳出新。

這樣的經營態度不只適用於汽車產業，而是適用於各行各業，像當初被視爲貧困人家營生的資源回收，如今不也因爲環保意識日漸提升，被世界各國列爲未來發展的重點嗎？邁向未來的實力要從現在開始累積，在不斷地調整、提升產品水準的自我要求中，飛雅特汽車穩紮穩打地獲得今天的成功地位，這正足以作爲所有經營者的典範。

跟著時間的腳步前進未來

每個人的生活肯定會遇到許多變化，當時間不斷地變動，我們除了要培養勇氣面對之外，更要積極有效率地迎接它。

每一天、每一分、每一秒都是獨一無二的。走在時間的單向道裡，我們除了要懂得把握時間，更要知道時間分秒流逝的寓意：「因為『唯一時間』的獨特性，凡事都要盡力追求『準確無誤』與『超高效率』，一旦錯過這一秒，時機便不再來了。」

在經營管理法則中，也有一個快速應變的要訣：「準確掌握訊息，迅速投入市場，把握生產效率，便能立即站上市場的主流。」

你必須學習的經驗

「時間就是金錢，效率就是生命」，在步調迅速的時代裡，最容易體會這句話。爲了因應快速變化的社會，每個人都在努力學習怎麼把握時間。

有人說，在競爭激烈的市場上，只要誰的應變速度快，誰就能贏得時間的關照；只要誰能主動積極地出擊，便能輕鬆掌握市場的脈動。

一九八二年，美國有關單位取消了通訊代理權。官方規定只有美國電話公司才能銷售或出租電話線，一般家庭或商行再也不能生產或代購通訊設備，最重要的是，他們再也沒有連接通訊線與代發電報的權利了。

如此一來，人們爲了工作與生活上的方便，爭相購買電話機。一時之間，將近有八千萬個家庭和公私立機構想要添購電話設備。

這時，有一個機敏的香港商人得到這項消息，立即決定改變生產線上的貨品，全力生產電話機，於是這間原本生產收音機與電子錶的工廠內部一下子堆滿了各式電話機。

一船船的電話機運達美國，這個低價又好用的電話機讓美國民眾多了些選擇，他們因此紛紛轉而購買香港製的電話機。這個千載難逢的機會，讓香港商人當年的業績較前年增長了十九倍之多。

有錢人的想法和你不一樣

看著香港商人準確地掌握市場訊息，並以超高的效率積極地投入市場，我們也明白了把握市場機遇的秘訣。

只要能掌握「時效性」，便能成爲商場上的常勝軍。面對變化快速的市場，清楚了解「時間」與「效率」兩者間的緊密關係，我們便懂得抓住這兩項要訣，輕鬆在市場上無往不利。

換個角度說，正準備投入未來市場的人，首先要學習的不是個人的獨特性，而是要訓練能敏銳嗅出市場風向的機智。

就像故事中的港商一般，能把握別人看不見的市場需要，便能積極轉向，以無比的膽識爭取到千載難逢的機會。

這不僅是商場上的秘訣，更是生活上必須培養的求生本能，即使不爭財富的多寡，也要爲豐富生命著想。

因爲，每個人的生活肯定會遇到許多變化，當時間不斷地變動，除了要培養勇氣面對之外，更要積極有效率地迎接它。

只要能跟著時間改變，迅速因應不斷出現波動的生活，你希望成功致富的未來定能如願。

培養遠見，才能永久把握商機

科技化的時代，產品不能只求實用就好，設計品味也成了提升生活的重要媒介，越富有創意巧思的商品越能得到消費者的青睞。

爲什麼有些人總是追不上別人的腳步？

爲什麼苦苦等候的機會轉眼又落空了？

原因無他，因爲這類型的人只懂得「跟風」。他們不了解未來的趨勢，也不懂得主動發現未來，更不會下功夫尋找機會，於是，一味地跟從衆人，機會只會不斷地消失在手中，無法長久擁有。

你必須學習的經驗

日本著名的《日經商業》編輯部曾經推出一本被奉爲經典的暢銷書，名爲《時代的要求：輕、薄、短、小》。

書中特別指出：「商品的輕、薄、短、小化是知識與科學的結晶，更是千百萬消費者對未來商品的需求，這將是時代的新潮流。」

所謂「輕」便是輕便、精緻、輕鬆，而「薄」是指厚度小、簡潔、節約，至於「短」就是不長、不高，但是很精巧，最後的「小」是指量少、體積小與細緻。概括未來商品的趨勢是：「小而巧，要能節省能源，還要物美價廉，最重要的是符合現代社會正積極推廣的環保概念。」

面對全新的審美觀，各國設計師無不朝著這個新思潮的方向前進。爲了生產出符合這個時代需求的產品，他們努力構思小巧產品，越來越精巧、輕便且物美價廉的產品紛紛出籠，展現著優越性。

奧地利工業設計師波恩切的作品正是最佳範例。他爲義大利米蘭夏特維爾公司設計的「爵士」伸縮燈具，收縮折疊之後猶如一本書的大小，微微拱起的燈臂板能輕鬆地緊貼著燈座，構思簡潔又人性化，十分符合現代人簡約的需求。消費者使用時，只要打開燈臂板再一一抽出組合，一個長達六十三公分的檯燈便展現在面前，使用時的伸展性與功能更是令人驚嘆。

這款只有一本書大小的爵士燈具，不論居家使用還是外出攜帶都極爲輕便。造型不僅達到了輕、薄、短、小的要求，且功能結構更超乎消費者的想像，因此價格雖高，銷售量卻一直無人能及。

走在時代的浪潮前面，設計師在這些產品中，極具巧思地觸及了未來趨勢，當然能抓牢消費者的心。

有錢人的想法和你不一樣

故事的主旨便是遠見。

我們分析「輕、薄、短、小」的重點時，圍繞的主題始終不離「未來的需要」。換句話說，只要研發公司能找出市場趨勢的脈動，無論未來市場怎麼要求，都能準確因應時勢。

除此之外，設計師的經驗分享也告訴我們掌握時尚與新鮮感的重要。面對科技化的時代，消費者越來越講求生活品質，因此，產品不能只求實用就好，設計品味也成了提升生活品質的重要媒介。

我們從波恩切的作品中得到啟示：「未來，越富有創意巧思的商品越能得到消費者的青睞。為了能擁有生活品味，人們也會越來越重視商品設計，現在或許只求輕薄短小，接下來仍然得不斷地構思、變化，如此商品才能長久生存，推陳出新。」

回到主旨，我們不能囿限於眼前的事物，凡事想遠一點，視野拉大一點，我們的未來才會廣闊。

沒有任何一項計劃能永久不變

從不固守在自己的預測裡，不斷地試探挖掘市場的變動，不斷地修正計劃步驟，慢慢地，未來方向會越來越清楚。

人生的路不一定只有一條直線可走，生活中我們會不斷遇見轉角或阻礙，當生活一出現變化時，計劃當然得跟著調整修正。

世界是活的，市場的趨勢當然也會跟著時間流動而出現轉變。

一成不變的人遇到的阻礙比別人多，特別是一成不變的計劃，達成目標的機率更是微乎其微。

你必須學習的經驗

隆冬季節是許多建材公司生意最蕭條的時期。不過，還是有人趁著大家享受「冬眠期」時大展身手。

有間名叫亞新的建材公司，老闆孫奎春的經營方式與同行無異，都是靠著回扣與降價花招來增加機會。問題是，這樣危險的遊戲卻讓他面臨負債，爲了增加收入，他一天到晚大打低價清倉活動，但始終不見成效。

面對每年一度的「冬眠期」，孫老闆不想再像往常一樣，一到冬季就得喝西北風。他重新計劃行銷方式，他首先要求員工全數上街做市場調查，一一向人們詢問市場潮流，找出所需的建材。

「今年是個絕佳的時機！」他們發現了未來都市化的趨勢，各地方的建築產業蠢蠢欲動，建材行情當然也會看俏。

在各大建材行業準備過冬的季節，唯獨孫老闆看準「年關」過後的商機，他向員工們說：「趁著這個冬季，我們先將各種建材生產出來，然後再等年關過後的大好機會。」

這時，有人問道：「老闆，這會不會太冒險？萬一……」

「不會有萬一，你們要有信心！」孫老闆斬釘截鐵地說。

在百業蕭條的寒冬，唯獨亞新建材工廠裡頭熱呼呼的，磚窯裡的火不停地燒，工人們更是揮汗如雨，機器聲在冷清的冬季裡變得異常響亮。

其間有人想趁著淡季來採購一些便宜貨，但都被孫老闆全數拒絕了。

第二年二月中旬，孫老闆終於開門販售商品了，而且價格還提高了二成。磚價忽然調漲立即引來建商們的注意，不過他們還算沉得住氣，雖然個個急需建材，卻仍然想等待降價。

磚瓦堆在門前讓許多員工越來越緊張。一旦發生萬一，即使問題不是出在他們身上，可是若飯碗不保對他們來說問題可大了。有人忍不住問道：「老闆，價格降低一點好了，萬一賣不出去，我們也麻煩啊！」

但是，孫老闆仍然堅持自己的想法：「不，他們其實很需要這些建材的，現在是關鍵時刻，我知道建材會越來越貴！」

不久，市面上傳出風聲：「磚價恐怕很難降價，還有可能繼續上漲！」

風聲放出去了，但市場似乎文風不動，據說還有人想從其他地方運低價商品來這裡傾銷。孫老闆一聽說這個消息，立即找那個投機商人商量：「您從遠方運來定價二角的貨，運程中難保全數完整，不如我賣便宜一點給您，一塊一角四分，但是您別對人們說出這個價格啊！」

雙方一拍即合，孫老闆立即做成了第一批大買賣，一共售出一千二百萬塊磚。一傳出有人買磚，散戶與建商忍不住都上門搶購。因爲現貨眞的很缺乏，一千二百萬塊磚被買走了，一旦建材大缺，各項建築工程都要停擺了。

顧客上門後，孫老闆緊握住市場優勢不肯放了，他對顧客們說：「訂貨量太少的話我可不賣，還有我們的合約至少要簽八個月才行，此外你們得先交百分之二十五的訂金，不然一律以零售價計算。」

沒想到，這個假消息眞的騙到急著用磚的客戶。孫老闆因而趁機將每塊磚的批價從一角四分調漲到了一角六分。

到三月底結算時，他們一共與三十一家建商簽訂合約，再加上零售所得，每月總銷售量高達一點六億塊磚。

有遠見的經營者總是能預見未來。即使機遇未如預期，他們也懂得創造趨勢，一如故事中的孫奎春老闆。

面對淡季，大多數人只知道默默等待，直到旺季來臨才會提起精神加緊趕工，這種總是臨時抱佛腳的經營者，當然會經常錯失市場機會。無法掌握市場的脈動，當然累積不出好成績了。

從孫老闆的經驗裡，我們看見一個成功企業家的企圖心與智慧，不管市場怎麼變化，也不管淡旺季如何交替，對他來說，任何時候都有機會！

你經常看不見機會嗎？還是你根本不知道自己的方向在哪裡呢？

還苦守在目前計劃裡的人，或許能故事中得到一些啓發。成功關鍵在於：「從不固守在自己的預測裡，不斷地試探挖掘市場的變動，不斷地修正計劃步驟，慢慢地，未來方向會越來越清楚，也越來越見成功光芒顯現。」

合乎當地胃口，才能打開市場

商戰場上沒有絕對不變的口味，只要能順著不同的地方民情走，世界上就沒有我們打不開的市場。

在邁向國際化的未來趨勢中，經營者除了追求產品的品質與時尚領導地位時，也要注重當地人民的需求與習性。

以台灣著名的珍珠奶茶為例，雖然產品的製作技術與比例調配皆來自台灣，但是當業者把產品帶到了日本和中國等地，也不忘將其比例調為當地消費者較能接受的甜度。

只要善於抓住消費者的需要，並能針對他們的消費心理和需求做改進，只要產品一推出，就一定能牢牢抓住當地消費者的胃口。

你必須學習的經驗

懂得順應地方風土民情的人，才能輕鬆把握住市場的需要。

在美國有一間專門販售洋娃娃的公司，生產了許多漂亮可人的洋娃娃。不只是小女孩喜愛，連大人們都忍不住買來收藏，他們的銷售總量一直是同行的好幾倍。不料，當他們行銷至德國時，竟碰了一鼻子的灰。

他們以爲這些人見人愛的玩偶無論到哪裡都一定能暢銷，沒想到到了德國後，銷售成績卻未如預期。店員們每天最忙碌的事，不是向客人們介紹商品，而是清除娃娃身上的灰塵。

於是，公司只得立即派人做市場調查，沒想到結果竟然是：「這些金髮洋娃娃的模樣和神態，跟德國的酒吧女郎一模一樣，使得德國女性深感不悅，更令許多家長不敢買洋娃娃給女孩們。」

無論如何，他們總算找出滯銷的原因了。這時他們立即開會決定：「我們要根據德國人的審美觀來修正。立即重新設計娃娃們的形象與裝扮，一定要找出德國人最喜愛的形象。」

果然，洋娃娃的形象一改變之後，銷售成績立即上揚，甚至在德國掀起一股收藏洋娃娃的風潮。

有錢人的想法和你不一樣

消費者對於各類產品的需求會因爲文化背景而有所不同，因此，同一款洋娃娃會因爲美國與德國文化上的差異，產生完全不同的銷售成績。

從消費者購物的角度來看，人們對於產品的要求其實很情緒化，特別是對於用來寄託情感的產品更是如此。所以，無論是造型或是功能都得順著人們的感覺與需求去做修正。

聰明的商人在前進陌生的市場前都懂得先做市調，只要能找出當地人民的消費胃口，商人們便能及時調整產品的進貨類別，也才能一上市便牢牢抓住消費者的心，輕易地激起他們的購買欲。

了解風土民情不只是爲了讓產品更能適應當地生活，更積極的義是避開當地市場的禁忌。

透過了解，我們才能小心躲過所有風險，並輕易避開所有可能的阻礙。商戰場上沒有絕對不變的口味，只要能順著不同的地方民情走，世界上就沒有我們打不開的市場。

5

創意是拓展市場的重要利器

在商場上除了腳踏實地累積實力外，還要有突破的自信與企圖心，更要有新穎的創意加以配合。

二手商店也能開創一片天

有許多可以回收再利用的物品，只要花點心思，這些人們不屑一顧的東西也能化腐朽為神奇。

著眼於「珍惜資源」的角度，舊物回收再利用，是許多二手商店成立的目的。其他像是從資源回收工作中賺取財富的人一般，從人們不屑一顧的東西中尋找商機，已經是現代社會中的另類生財方法，這也是爲什麼網路二手拍賣越來越興旺的原因。

爲了不浪費資源，更爲了節省支出，聰明的理財高手不介意便宜的二手貨，甚至還有人願意「以物易物」，交換彼此的需要，以期物盡其用呢！

你必須學習的經驗

在這個偶像明星當道的時代，世界各地的巨星比起任何人都要容易生財。他們不僅懂得利用自己的人氣生財，更懂得運用自己的名聲創造財富，「名人二手衣專賣店」便是一例。這個賺錢方法是美國好萊塢女星蘇西構想出來的。

有一天，蘇西看著衣櫥裡滿滿的服飾，心想：「又要添購新衣了，再不清理這個衣櫥，肯定要爆滿，但是丟掉那些舊衣服又好可惜，每一件我才穿過一兩次而已，該怎麼辦？」望著這些舊衣服，蘇西苦思了許久，忽然她眼睛一亮驚呼：「對了，何不把它們賣掉呢？」

蘇西想到了之前拍賣戲服的情況，因為明星的吸引力讓戲迷不斷地喊價。她知道影迷們為了能更親近巨星，肯定會買這些明星用過的產品回去收藏紀念。抓準了方向，蘇西立刻著手開一間明星二手衣專賣店。在這間店裡除了她的衣服外，還有許多好朋友們參與，大家整理出一包又一包的舊衣物和飾品，甚至有人還帶來了寫真照片來刺激行銷。

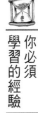

這間取名爲「天邊的星星」的明星二手衣店，外觀看起來並不起眼，然而人們一踏進去便會看見許許多多大幅劇照，在每張照片底下直接配上的實物，就是照片中的明星在戲裡穿戴過的各種服飾。

這間明星二手衣專賣店第一天開張便創造了銷售奇蹟。爲了搶得第一位，大排長龍的迷哥迷姐們早在前一晚便守候在門口。甚至有許多影迷天天來訪，指定要某個明星在某齣戲裡所穿的衣服呢！

蘇西常開玩笑地對提供衣物的巨星們說：「從販售的產品中，還能發現誰的人氣歷久不衰呢！」

由於蘇西把價位設得很低，因此有人質問她，此舉根本是破壞市場行情，但蘇西總笑著說：「有嗎？有什麼東西會比快樂更值錢的呢？」

原來，自從開了這間店後，蘇西和許多明星們的煩惱變少了。不僅如此，她發現最重要的成就，來自於滿足了追星族的心。

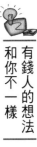

靠著個人名氣與人氣來創造財富，對明星來說的確非常值得運用，因此大多數的明星們都會積極地靠著自己的魅力與名聲來拓展新事業。

就像蘇西一般，雖然當初創業的念頭只是爲了清除衣櫃裡的舊衣服，然而當新事業有了收穫後，她也玩出了樂趣。對蘇西來說，雖然拍賣二手衣的收入與拍片的收入相比，實在微不足道，然而她重視的是眞正的快樂感受。

從財富的角度去想，我們很容易忽略事物的本質。眞正擁有財富的人，在思考自己的未來的同時，目標從來都不是落在「錢」字身上，而是成功實踐後的滿足感與成就感。

在蘇西的身上，我們看見一個從「愛物惜物」角度出發的聰明生意人。許多運用巧手讓二手傢俱再生的人，以及懂得利用懷舊復古風潮，讓老東西重現生命的敏銳投資者，他們的經驗告訴我們：「在你的身邊有許多可以回收再利用的物品，只要多花點心思，這些人們不屑一顧的東西也能化腐朽為神奇，還能藉著它們的新生創造我們的未來。」

創意是拓展市場的重要利器

在商場上除了腳踏實地累積實力外，還要有突破的自信與企圖心，更要有新穎的創意加以配合。

隨著市場消費口味的變化，產品被淘汰的速度也變得越來越快，有些商品上市不到半年，便得面臨滯銷或汰換的命運。

然而，面對好不容易研發出來的新產品，商人們怎麼也不願輕易就放棄努力成果，於是有些人會絞盡腦汁爲舊商品尋找新出路，其中又以「舊瓶新裝」的方式最常出現。

你必須學習的經驗

某一天薩耶下班回家時，看見桌上放了一塊布料，頓時心中非常不高興，因爲妻子買的這塊布料，在自家店裡也有販售，而且放了快一年都還賣不出去，沒想到妻子居然還胳膊往外彎，去買別人家的商品。

這時妻子開心地走進，薩耶一看更是火冒三丈，只見他怒吼道：「妳沒事買這塊布幹什麼啊？料子那麼差也要。」

原本心情極好的妻子，被丈夫這麼一吼，也生氣地說：「我高興啊！雖然料子不好，但是花樣流行，所以我就是要買。」

薩耶一聽更是火大，他質問道：「流行？妳有沒有搞錯啊？這花色我們店裡去年就進了，直到今年連一尺布都沒賣出，它什麼時候流行起來了？」

「可是，賣布的小販說在今年的園遊會上，有許多時尚名媛們將紛紛穿上這款流行的花色啊！」妻子看出薩耶還是不相信，於是她繼續說：「你不知道嗎？昨天瑞爾夫人和泰姬夫人全帶著這塊布到師傅那裡做衣服了，這是師傅偷偷告訴我的。對了，你可別走漏風聲啊！」

好奇的薩耶仍然無法相信這個變化，於是明察暗訪了一下，最後才讓他找到了原因所在。

原來是小販分別送了兩塊布料給瑞爾和泰姬夫人，因爲他想透過名媛的加持來帶動這款滯銷布料的買氣，甚至還想藉由這個時機來創造新的時尚風潮。

果然一切都如小販所預期的，園遊會當天，全場婦女中只有那兩名貴婦及少數幾位女性穿著那款花色的衣服，當然薩耶太太也是其中之一。

貴婦們始終是衆人關注的焦點，當園遊會結束時，許多婦人立即被一張廣告吸引，因爲上面寫著：「本店有售瑞爾夫人和泰姬夫人所穿的新衣料，由於布料有限，有興趣者請儘早來店選購，以免向隅。」

沒想到這一招果然吸引大批女人的心，只見那家店舖湧進了大批人潮，而且幾乎人人都點名要買那款已經滯銷一年的花色！

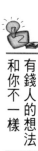

有錢人的想法 和你不一樣

透過名人的宣傳，再加上打出「數量有限」的口號，果然帶動了「物以稀爲貴」的搶購熱潮。舊產品配合如此新穎的宣傳手法，令同行的薩耶跌破了眼鏡，想必也讓他對行銷手法有了很深刻的感受。

事實上，想讓商品起死回生，不必刻意地尋找屬於它的時機，而是自己要懂得怎樣爲它創造機會。在這個競爭激烈的環境裡，懂得創造機會的人當然機運會比別人好一些。

不必大聲誇口人定勝天，不過得相信自己的確能創造未來。無論是轉危爲安還是扭轉逆勢，透過這些成功故事，我們要積極培養自信，也要不斷發想創意。因爲在商場上除了腳踏實地累積實力外，還要有突破的自信與企圖心，更要有新穎的創意加以配合。

當你凝視著倉庫裡滯銷的產品時，別再像薩耶一樣，老是搖頭埋怨著猜錯市場需求，而是要像另一個小販一般，積極重振精神，用創意構思出全新的行銷方式，如此才能爲自己創造未來的機會！

不要被別人的否定擊倒

要成功不是一窩蜂地趕上風潮，而是成為創造趨勢的第一人。不能老看著別人怎麼做，而是要從市場最缺乏的地方開始發展。

生活中定然會聽見不一樣的意見，再完美的人也會聽見被否定的聲音。只是，聽見令人沮喪的聲音時，你會怎麼面對呢？

聰明的人懂得發現其中的金玉良言，聰慧的人懂得辨識其中虛實。面對自己的人生，無論外面干擾、批評的聲音有多少，最後的決定權還是在我們的手上，最後可以讓夢想成功的人始終都是我們自己！

你必須學習的經驗

從美國麥當勞公司身上發現商機之後，森上先生便決定以物美價廉的漢堡為經營目標，希望能一舉打破日本人長期習慣於米食的飲食文化。

當初決定時，幾乎所有人都嘲笑他：「你沒事拿石頭砸自己的腳幹嘛？日本的飲食習慣是以米飯為主，根本沒人想吃漢堡。」

森上先生一聽卻反駁說：「習慣是可以改變的。更何況我發現本國人的體質弱又瘦小，想必與吃米飯有關，你看美國人長得那樣高大威武，肯定是漢堡的功勞。我想只要從這個角度去推廣，應該能改變消費者的飲食習慣。」

「飲食習慣哪有那麼容易改變啊？這根本是一廂情願的想法，我認為這一點市場也沒有！」森上先生的一位朋友說。

森上搖了搖頭說：「總之，我認為美國麥當勞所帶動的速食效應正向全世界發展，不管哪一種飲食習慣，都將順著這個趨勢改變。」

森上心想：「一樣是吃，只要是能吞下肚子裡的東西，怎麼可能會沒有市場呢？在美國都能如此暢銷了，在日本怎麼可能無法打開市場？何況最有生意頭腦的猶太人都認為，只要經營得當，餐飲業是最有賺錢機會的行業。」

憑著這個信念與堅持，森上先生的漢堡店順利開張了，而且更令人意外的是，第一天開幕時店門口便湧進大批人潮，其中有許多人是好奇美式漢堡的口味，當然有更多人是趕著流行而來的。

更重要的是，這股漢堡餐熱潮並沒有曇花一現，反而蒸蒸日上、屢創佳績，這結果令許多曾經否定森上先生的人驚訝不已。

有錢人的想法和你不一樣

所有新發明的事物都有挑戰傳統的涵意。因此，新發明的東西一開始肯定都會被人們批評、阻撓，但其中也有不少新的發明或構想，後來成爲時代的趨勢與時尚主題。選擇目標原本就是件困難的事，特別是那些沒有前人作借鏡的事業，更容易讓人迷惑與退縮，畢竟我們很難預料其中的風險，也無法預測將來會遇到怎樣的困境。

就像故事中的森上先生，當他決定打破傳統，顛覆日本人長年來的飲食文化時，還沒正式跨出，便得面對自家人的否定與責難。事業還未開始，便得面臨質疑與困惑的煎熬。若不是具有堅強的勇氣與決心，在一片否定聲中，森上先生或許在未開張前便決定結束心中的夢想了。

一如故事中的旨意：「我相信自己發現的，更相信自己一定會成功。因此無論外界的聲音多麼難聽、人們怎樣否定，我都會堅持下去。」

所以，森上先生循著時代的趨勢前進，果敢地投資他未來的事業，當下定決心往前時，他沒有忘記日本人的飲食習慣，更沒有忘記人們對於與國際接軌的慾望，在眾多否定聲中，他開始新的餐飲事業，結果也一如他預期的，一舉打進消費者的生活裡。

要成功不是一窩蜂地趕上風潮，而是思考怎樣成爲創造趨勢的第一人。既然想發展，就不能持續地看著別人怎麼做，而是要從市場上最缺乏的地方開始發展，如此一來，才能在別人也來搶食市場大餅之前，先佔得無人能取代的第一順位。

出口其實就在眼前困境的另一邊

只要我們能隨時換個角度想，從外面的世界裡汲取新知，也讓自己的大腦活動，我們自然能獲得啟示，找到困境的出口。

一旦遇上困難，大多數人都會悶在家中，一天到晚埋怨上天不公平，或是怒斥身邊的人不了解自己。問題是，一直困在這樣的情境裡又有何助益呢？

出口不會自動出現在你我的面前，所以一個只會停在原地，不肯起身探究因果的人當然看不見被設在困境另一頭的出口。因此，如果我們連自己的困境都無法面對，又怎能找得到突破的方法？

你必須學習的經驗

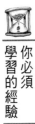

美國商人庫里恰克是以販售日本小貨品起家，他的事業一切緣自於第二次世界大戰的爆發。當年，因爲戰爭敵對的關係，日貨處處備受抵制，這讓許多日本商人不得不以低價優惠的方式來吸引國外經銷商的合作意願。

庫里恰克當時便從玩具和工藝品開始。後來生意越做越大，產品範圍也越來越廣，個人生活也從縮衣節食到不愁三餐，甚至有了自己的房屋和辦公室。有人認爲他根本是在發戰爭財，但對他來說，不過是供應市場需求罷了。

不過，好運似乎沒有一直跟隨著他。正當他以全部的資金買進一批日本商品的同時，珍珠港事件忽然爆發，這場戰役最直接的影響就是人們仇日的情緒高漲，當然沒有人想購買日本製的商品。

望著堆積如山的貨物，庫里恰克煩悶地整天待在家中、足不出戶，不知所措。這天他走出了屋外，準備到郊外散散心，然而老天爺似乎就是想與他作對，竟讓他等了老半天都等不到計程車，最後只好步行前往。

就在這個時候，他發現人們全擠在公車站牌前等車，其中不乏一些西裝筆挺的上班族，庫里恰克好奇地上前問：「請問，你們平時不是都搭計程車嗎？怎麼今天也來擠公車啊？」

這個先生一聽，吃驚地回應：「你不知道原因嗎？政府頒布了『戰備物資管理條令』，許多物資都被列爲重要軍需，只限量供應給民間使用，特別是汽油，所以現在計程車不多，只好等公車啊！這麼重要的新聞你不知道嗎？」

庫里恰克一聽只嘆了口氣，在滿街愛國標語的包圍下，繼續前往目地的。

忽然，他想到一個扭轉困境的妙方。

第二天，他在商品廣告上寫下，「買日貨表現愛國心！爲什麼呢？因爲我們正與日本作戰，只要大家改買這些商品，我們就能省下自己寶貴的資源以援助國軍，讓前線士兵減輕後顧之憂。所以，愛國的你不可不買日貨啊！」

這場戰爭牽動著許多後方親友的心情，無法上戰場的人無不想爲戰爭作出貢獻，哪怕是微不足道的功勞也好。在這樣的溫情攻勢下，庫里恰克原本滯銷的貨品在半個月內便銷售一空呢！

巧妙地因應市場的變動，庫里恰克迎合了國人的愛國心理，讓滯銷一瞬間逆轉爲暢銷，充分地展現了自己的智慧。

透過敏銳的觀察力與靈活的思考，庫里恰克沒有被處處設限的戰爭背景所困，反而知道如何從困局裡突破重圍再創奇蹟。他聰明地打出新口號，以「買東西也能表現愛國心」來挑起消費者的購買慾，最後成功地讓原本失意的商人，一下子翻身爲戰時百業蕭條中的佼佼者。

「透視消費心理，因應社會氣氛」是庫里恰克經過失敗與成功後所得到的啓發，這也充分表現在他的轉念之間。

從另一個角度來引導消費者購買日貨的庫里恰克，運用的方式其實是你我熟知的技巧。想要致富，必須養成無論如何都要反覆思考的習慣。只要能隨時換個角度想，從外面的世界裡汲取新知，也讓自己的大腦活動，自然能從各式各樣的人事物中獲得啓示，找到困境的出口。

從閒談中發現難得的商機

不要只會埋頭苦幹，多觀察身邊的人事物，多聽聽消費者的聲音，你才能準確地掌握市場的需要，甚至成為創造趨勢的領導者。

「聆聽」不只適用於分擔親友們的情緒，更是尋找商機的良方。因爲從別人的話語中，我們不只能聽見八卦與批評，更能聽見消費者目前的需要與最新消息，進而發現市場上的商機。

人與人之間的對話，絕對不只是漫無目的地鬼扯，即使是姐妹淘在聊天，也必定會有特定的主題。

無論是家人或是愛情，其中不乏值得再三思考，用以改變人生態度的深刻啓發。當然也暗藏許多讓人驚艷的創意發想，正待我們實踐創造。

你必須學習的經驗

飯山滋朗是三矢公司的董事長，在東京板橋區蓋了一座近二億日元的公司和工廠。對於他成功的原因，有人說他是靠「聽閒話」得到財富的。

飯山滋朗原本是北海道木材公司的東京分行經理，後來辭去公司的職務，向朋友們借錢買一部機器，開始了他的獨立創業之路。

他利用這部機器製造一些短鉛筆或超長的鉛筆，在各地的觀光區販售給遊客。但是，這些看似獨特的鉛筆，事實上根本毫無銷路可言，有時候一天下來只賣出五、六枝。

這天，枯坐在工具箱前快一天的飯山滋朗走進一間冰淇淋店休息。

這時，老闆正與另一名顧客聊天，埋怨道：「唉，冰淇淋用的紙杯越來越貴了，而且紙質比以前差很多。這些紙杯價格高、紙質差、又易成爲環境髒亂的元兇，不知道有沒有替代品可以用？」

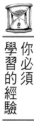

飯山一聽，似乎也聽見了「機會」到來的聲音，他想：「紙張不好，就用木片啊！又便宜又環保不是嗎？」

於是，他立即回到工具箱前，開始用他的機器製造出一個放冰淇淋的木片和挖食冰品的木籤，旋即回到冰淇淋店裡推銷。

沒想到店主與顧客們的反應極佳，看著這個美觀可愛的組合，立即點頭，全部買下，甚至老闆還向飯山訂購了一百組。

由於產品十分具有特色，再加上成本低，冰淇淋用品迅速成爲當地最暢銷熱賣的商品，不久之後更完全取代了紙杯的地位。

有錢人的想法和你不一樣

原本只想走進冰品店休息的飯山滋朗，從人們的對話中聽見市場的需求，進而研發出木製的冰淇淋用品，這都是他用心聆聽與靈活思考的收穫。

吸收市場知識，尋找生活需求，不是用看的或是書面研究才能得到正確的方向，從聆聽人們的對話中，我們往往能發現更多機會。

這是因爲，脫口而出的話語大多數是人們心底的眞心話，對於市場的不滿或是需要，我們最常經由日常生活的閒聊，或是不經意的埋怨中，洩露出心中眞正的盼望。

所以，聰明的飯山滋朗經常走入人群，仔細觀察也細心聆聽，希望能聽見人們心底的聲音，尋找出最能滿足他們的產品。

小小的木片與木籤不知道帶給你多少啓發呢？

飯山滋朗在故事中告訴了我們：「不要只會埋頭苦幹，多觀察身邊的人事物，多聽聽消費者的聲音，你才能準確地掌握市場的需要，甚至成為創造趨勢的領導者。」

不要輕易放棄手中的機會

只要我們謹記「時效」的重要性，並叮嚀自己機會難得，無論什麼樣的困難我們都一定能在短時間內突破。

對經營者來說，時間也是事業規劃的一部份。

因此，大多數商人會對時間做基本要求，且爲了樹立良好的形象與信譽，「準時」便成了建立商譽最重要的基礎。

效率是成就商場的重要元素。一旦機會到手了，我們便要積極完成，不能放任地擱置在角落。成就事業要能一鼓作氣，一旦出現停滯或是退縮的念頭，大多很難再持續下去。

你必須學習的經驗

一九八三年春天，在廣州一場出口商品交易會裡，上海錦華玩具廠的廠長樂大馨看見一位美國商人拿出一個長毛狗娃娃，要求某家廠商以此爲樣本，複製出相同的產品，並問員工：「什麼時候可以看樣品呢？」

這個行銷人員想了想，說：「一個月吧！」

沒想到這位美國商人一聽，立即將狗娃娃拿了回去，然後滿臉遺憾地說：「一個月啊？唉，那來不及了，我明天就要離開廣州。」

這時，站在旁邊的樂大馨連忙說：「這筆生意請放心交給錦華玩具公司吧！明天上午十點時，我一定會把樣品帶來給你看。」

這名美國商人不大相信地問：「你們的工廠不是在上海嗎？明天怎麼可能拿得出樣品呢？」

只見樂廠長信心滿滿地說：「放心，我保證準時交出樣品！」

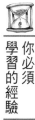

樂廠長一回到旅館，便連忙招來設計人員開會討論，把樣品交給設計人員，全權由他們製作、繪圖，自己則親自計算成本以及撰寫合約書。

看似漫長的夜一下子便過去了，次日上午十點，樂廠長帶了三件樣品出現在美國商人的面前。只見美國商人仔細看著樣品，最後微笑道：「太好了，沒想到你們這麼有效率，樣品的品質竟能達到這麼好的水準，我的確可以完全放心地交給你們製作。」

錦華玩具工廠當下便拿到六千個玩具小狗的合約，兩年後，這個商人又向工廠訂購了十萬個玩具，這兩筆生意都爲錦華玩具公司帶來大筆利潤。

有錢人的想法 和你不一樣

因爲專業的自信，讓樂大馨能夠勇敢地表現他的實力，更能信心滿滿地保證他們的效率與合作誠意。相較於另一名行銷人員，樂大馨勇於面對挑戰的企圖心果然令人印象深刻，這也是最後能迎接勝利的主因。

良機難得，遇到像故事中的機會時，有多少人能鼓足勇氣迎接挑戰？想必大多數人都像那位行銷人員一般退縮，對自己缺乏信心，更沒有挑戰的企圖心。不過，見到樂廠長的積極爭取，想必產生了不少激勵的作用吧！

沒有挑戰，又怎麼知道自己的實力有多少？機會都還沒把握住，何必急著擔心失敗呢？再說，機會一到手後，哪裡還有時間煩惱失敗的問題，只要謹記「時效」的重要性，並叮嚀自己機會難得，無論什麼樣的困難都一定能在短時間內突破。

在商場上，沒有做不到的事，只有因爲一再放棄的悲慘結果。你必須清楚知道：「再錯過機會，鬥志會不斷地流失，對自己沒有信心的人，恐怕很難把握住生活中的每一次機會。」

好好把握住夢想的初衷

如果不想讓生命有任何遺憾，不想一再地錯失機會，我們便要有表達心中想法的勇氣。

對初入商界的人來說，向別人請教學習是必須的步驟。

不過，在經長時間的累積之後，在努力學習經商之道時，能否在模仿或跟隨的過程中，保有自主的能力與獨特性，都是所有追隨者必須留意的要點。別讓自己深陷在學習對象的陰影中，走不出自己的路。

你必須學習的經驗

獨自在商場中馳騁的人，有些很像嬰兒學步，總是縮手縮腳，任由他人控制、操縱行動，最後則看不見未來的方向。

有專家曾說：「你剛踏入商場時肯定一無所知，這時在你周圍會出現許多熱心的前輩，不斷對你說：『你本來該買這個，或者你應該這樣做』。但事實上，他們催促你做的事應該隨著時間更改。隨著時間流逝，你會從一開始的需要人輔助，到後來學習有成，你再也不能允許別人掌控你的行爲，因爲他們過度要求或是想操縱你，將會害你一事無成。」

那麼，對於羽翼漸豐的未來新秀而言，在期待遇到好的引領者之外，他們應該特別留意什麼呢？

其實很簡單，「不要忘記你自己！」

當主管想繼續操縱你時，你要不斷地提醒自己：「你爲什麼不提出自己的意見呢？如果你肯與人商量，沒有什麼不能溝通的，不是嗎？」

又或是：「你當初踏進這個領域的目的是什麼？當初的夢想與企圖還在嗎？你該繼續聽別人怎麼說，還是應該開始聽聽自己心底的聲音了呢？」

只要能謹記這幾個要點，時時反問自己，就能漸漸釐清自己的道路，看清哪些人才是眞心幫助我們的貴人，哪些人根本是一心想利用我們的敵人。

只要看清了外面的世界，也清楚自己想要的東西，即使一開始位居低層，也能把握機會，讓我們的實力節節高昇。

有錢人的想法 和你不一樣

許多營銷專家一再提醒我們「不能忘記自己」，讓人不得不重新審視自己是否已失去了當初的夢想？又是否在習慣了別人的命令和領導後，已失去自己的立場與理想初衷？

不要一味地聽從學習對象的指引，也不要老想等待引導者的指示，面對前輩不合理或過度要求時，要懂得因應或拒絕。畢竟，每個人都有該走的路，也有選擇自己未來路途的權利。

爲了說服上司或是長官，適度地表現自己的反對意見是必要的。在商場上沒有永遠的主從關係，後浪與前浪各有各的發展空間與模式，沒有人一模一樣，更沒有誰能完全繼承誰。因此，面對著想長久掌控我們未來的前輩，要堅毅地表達心中的想法與企圖心。

如果不想讓生命有任何遺憾，不想一再地錯失機會，便要有表達心中想法的勇氣，這也是邁向成功的必備要件之一。

在這個你爭我奪的商場上，沒有永遠的敵人，也很難有永遠的合作夥伴。不過，只要我們懂得表達意見，知道如何展現自己的實力，沒有緊密的合作夥伴也無妨，至少我們會擁有惺惺相惜的競爭對手，讓彼此在良性競爭中激發出精采的人生光芒。

6

觀察力敏銳，就多一點機會

機會其實不難發現，只要我們善於觀察、積極思考，機會隨時都在我們的手中。

想抓魚，得耐心等待最佳時機

不要只看見表面上的機會，只要能多花點心思，一定能找到別人未能發現、獨一無二的商機！

財經專家費許．布萊克曾經在著作裡這麼寫道：「大多數所謂市場的異常獲利現象，其實，一點也不奇怪，它就像礦坑中的金塊，數萬名礦工裡頭，只有一個人可以發現它。」

許多人都抱怨自己沒有賺錢的機運，或是機會就在眼前卻無法掌握，最主要原因就出在不知變通。

在決定你要經營哪一種行業之前，你要先知道你能夠在哪裡大展鴻圖。在這麼多種類當中，有哪些最可能脫穎而出？它們的近期和遠期的成長指標是什麼？

能不能夠看出它未來成功的機會有多大？

商場上的競爭與戰場上的戰爭無異。當對手的機會出現時，其中往往也包含著另一種屬於自己的契機，能否抓住這些機會全賴自己的智慧。

只要懂得靜觀形勢、耐心等待，自然不會被一時的困境所阻礙。只要能冷靜決斷，必然能抓準時機實現目標。

你必須學習的經驗

二次大戰結束後，美國的建築業又蓬勃發展起來，一時之間，不僅建材大漲，連建築工人的工資也跟著急速調漲。

工資調漲對許多失業的人來說，的確是個賺錢的好機會，從明尼蘇達州來到芝加哥的麥克當然也不想錯過這個機會。

不過，當他看見招募工人的廣告後，卻沒有立即前往應徵。因爲他發現，雖然磚瓦工人只要有一身蠻力便足夠了，但是在這個處處要求實際工作經驗的社會中，連一個磚瓦工人也特別註明有經驗者為最佳。看見這一行字，麥克憤憤不平地叨唸著：「大家都剛從戰場回來，哪會有什麼實際工作經驗？當磚瓦工人沒有經驗又如何，訓練一下就會了啊！幹嘛要求這麼多呢？」

忽然，他似乎想到了什麼，猛然拍了一下頭：「我有辦法了！」

第二天，麥克手中拿著一份報紙，上面刊有一行廣告：「你想成為磚瓦工人嗎？來拜師學藝吧！」

原來，麥克昨天想到的是：「我不會，別人也不會，既然工頭們不想教我們，那麼我何不提供大家一個主動學習的機會呢？」

腦筋動得快的麥克花了半天的時間，到當地租了一間店舖，接著請來一位磚瓦師傅來任教，此外還買了一千五百塊磚頭和一堆沙石來當教材，隨即開班授課，積極推廣職前訓練。

因為抓緊了市場需求，麥克的職前訓練班很快便湧入大量人潮，儘管高價授課，但人人都十分樂意付出這筆訓練費用，短短十天之內便讓麥克的訓練班賺進三千美元，這事實上已等於一個工匠賣力工作半年後才有的收入了。

有錢人的想法和你不一樣

在商戰中，隔岸觀火之計才是最佳策略。當競爭雙方因利益衝突而失序、混亂時，想成功致富的人要保持冷靜，以免捲入混亂的情境中。靜觀其變，根據形勢發展抓住自己的機會，只要能見機行事，自能坐收漁翁之利。

即便在混亂中，也要靜心等待屬於自己的良機，若是過分急於獲得成功，不能耐心等待最佳時機，即使成功的寶座就在眼前，恐怕也無法穩穩地坐上這個位子。故事中，麥克的成功過程指導我們：「一個機會通常暗藏著其他機會，不要只看見表面上的機會，只要能多花點心思，即便在看似唯一的機會裡，也一定能找到別人未能發現、獨一無二的商機！」

其實，把握機會就像抓魚一般，不要忙於一時的競爭，更不要把雙手在水中急躁地捕撈。想抓到魚，便得冷靜等待機會，看準目標後再行動，如此我們才能讓每一次出手都有收穫。

蜂擁的人氣自然能帶動買氣

應該先知道你能夠在哪裡大展鴻圖，在競爭激烈的「紅海戰場」當中，也應當明瞭運用哪些方法最可能迅速脫穎而出。

做生意最重要的就是要吸引人潮，因為人潮可以帶來錢潮。問題是，要怎樣才能一開門就看見人潮蜂擁而來呢？

方法很多，其中最常被經營者成功運用的妙方是找出自己的「獨特性」。

簡單地說，只要店裡販賣的東西與眾不同，或是商場中的產品比別人齊全，消費者出門購物時便會聯想到它，特別是那些打出「僅此一家，限量特賣」的店家，每每吸引消費者早早守候在店門口，直到開門營業的時間到來。

你必須學習的經驗

小林一三是日本東寶公司的董事長，充滿機智的他曾任明治時代的工商大臣，常有驚人之舉，每一招都令人驚奇不已。凡是與他合作過的人，都會爲他自然散發出來的自信與不凡的氣魄著迷。

年輕時的小林一三曾在大阪市創辦阪神百貨公司，對大多數經營這類型公司的老闆們來說，在選擇或規劃地點時，都希望能獨佔市場，不希望自己店家附近有其他競爭者。

然而，小林一三卻獨排眾議，親自與附近一間知名的咖哩餐館協商，希望咖哩店老闆能到百貨公司裡開間分店，而在百貨公司裡販售的價格要比本店低四成，至於這四成的差額則由阪神百貨補足。

聽到小林一三居然提出這麼一個虧本的計劃，員工與董事們全急得跳腳，一致認爲小林老闆被騙了：「小林老闆一定受到蠱惑了，所以變得迷迷糊糊，不行，我們一定要阻止他！」

當大家出現在小林一三的辦公室門口時，未等大家開口，小林一三便揮了揮手招他們進來，笑著說：「我知道你們想說什麼，總之，你們不必著急，耐心看完我精心安排的開場戲吧！」

果不其然，開幕第一天，阪神百貨公司便湧入大批消費者，其中大多數的顧客是爲了這間咖哩分店而來的，人們一聽說咖哩店在這開分店，且售價比本店的價錢便宜四成，便沸沸揚揚地傳播著：「聽說那間咖哩店在阪神百貨開分店，價錢比總店便宜了快一半，我們一起去嚐嚐吧！」

就這樣，阪神百貨開幕第一天便擠得人山人海，湧入的人潮也帶動了其他專櫃的消費，第一天營業額便創下當地百貨公司的最高紀錄，阪神百貨的知名度也在一夕之間打開了。

小林一直未改變咖哩飯的價格，因爲他發現：「只要客人肯進門，就算全都是爲了咖哩而來，在這裡也一定有其他的消費，別忘了，這是間百貨公司！只要他們肯走進來，我敢肯定那四成優惠一定會補足，更何況到目前爲止，他們的消費額全都超過那四成優惠了。」

有錢人的想法和你不一樣

在決定要經營哪一種行業之前，應該先知道你能夠在哪裡大展鴻圖。在競爭激烈的「紅海戰場」當中，也應當明瞭運用哪些方法最可能迅速脫穎而出。此外，也必須懂得變通，清楚自己的近期和遠期的成長指標是什麼，評估出未來成功的機會有多大。

爲了好吃的咖哩飯，消費者心甘情願地走進一家新開幕的百貨公司，有口皆碑的咖哩飯讓想積極打響名聲的阪神百貨公司有了絕佳的宣傳助力，這正是小林一三的商業智慧。

此外，看透消費者貪小便宜的心理，小林一三巧妙地以超低價販賣咖哩飯，讓原本只是單純走進餐館吃飯的消費者轉至阪神百貨消費購物，這個原本只爲「咖哩」而來的消費族群，事實上也在小林一三刻意牽引下出現了變化。當吃飯與逛街環境結合為一，消費者的娛樂生活方式開始轉變，吃飯、逛街成了密不可分的組合。

今天的消費型態不也如此？假日一到，許多人便會在百貨公司裡泡上一整天，因為百貨公司內不僅提供了購物與飲食，有些地方更規劃了玩樂的設施，一應俱全。消費者因為方便，更願意在這裡度過一天的娛樂生活。

眼光獨到的小林一三知道這是借力使力的賺錢術，在其他人專注於多付出的四成資金時，只有小林一三獨具慧眼，看見了四成外更多的收入，因此能大方付出，最後大量收成。

觀察力敏銳，就多一點機會

機會其實不難發現，只要我們善於觀察、積極思考，機會隨時都在我們的手中。

聽得懂別人的話中話，也聽得出別人話裡蘊藏的契機，成功的機會自然會比別人多一些。因爲，當別人還在笑談這些閒話，不當一回事時，聰明的人早已聽出話裡玄機，進一步藉它獲取成功。

其實，窮人翻身眞的就這麼簡單，只要比別人更用心觀察，也更願意耐心等待，機會隨時都會停在你我的面前。

你必須學習的經驗

一九八八年一月，美國總統候選人老布希曾對記者說：「我最喜歡的零嘴是炸豬皮。」記者聽見時都笑了，當這個電視畫面傳送到每一戶人家時，觀眾們也忍不住笑了，對於這個說出「炸豬皮」的候選人充滿了親切感。

對一般人來說，這不過是個茶餘飯後的閒聊話題，然而對嗅覺靈敏的商人們來說，其中卻富含著無限財富。

不久，有個食品製造商在市面上推出了新產品，正是「炸豬皮」零嘴。

布希漫不經心的一句話，透過電視傳播深植人心，本來無人問津的小吃，行情一夕上揚，更讓食品製商的荷包滿滿。

購買者有出於好奇的人，也有支持布希的人，再加上口感酥脆，這項食品很快地便風靡全美。不少對豬皮不屑一顧的人，都十分懊惱未搶得先機，大嘆：商機處處，全看自己懂不懂得把握！

看似簡單平常的話語，在大多數人心中根本不足爲奇，然而，對敏感度高的商人來說，其中卻藏著絕佳的商機。

老布希的一句話帶來了食品商人的機會，更讓沒沒無聞的豬皮頓時鹹魚翻身，很快便成爲最流行的商品。特別是在食品商人的推動下，布希與炸豬皮自然而然地被連結在一起，兩者也更容易給予消費者深入的印象。

就像名人代言的作用一般，故事中的商人巧妙運用布希的免費宣傳機會，改變了先有產品再找代言人的模式，轉而從名人的喜好中找出賣點，順勢佔據了觀衆們因好奇而生的消費市場。

對於大多數人聽過便忘的生活態度，故事中那個靈敏且積極的食品商人提醒了我們：「想變成有錢人，就要認真尋找成功致富的機會。培養敏銳的觀察力並不會加重生活負擔，反而更讓人懂得享受、欣賞生活。機會其實不難發現，只要我們善於觀察、積極思考，機會隨時都會出現在我們的眼前。」

能與員工共享成果必能再創佳績

看似多餘的分紅支出，其實藏著公司與員工們共創雙贏的意涵。只要一個小小的分享，公司就能收到心甘情願的賣命回饋！

在企業界能夠越來越茁壯的公司，都少不了健全完善的員工福利。再好的員工也受不了一再壓榨，只要公司福利佳，即使能力再差的職員也知道要加緊努力、賣力付出，以期能長久保有職位。

所以，企業無論是分紅或員工福利，無非是想換得員工們的「好心情」，以期勞資共創雙贏。

你必須學習的經驗

在日本，每天都有一批中年婦女挨家挨戶地向民眾推銷貨品。據說，這批行銷人員總數約有八萬名，推銷的商品全部以婦女用品爲主，像是圍裙、泳衣、襯褲和短襪等物品。

這群婦女全來自查爾斯女用內衣公司。該公司自一九八八年開始營業，以免費旅遊作爲分紅獎勵，用以吸引賦閒在家的主婦們，此外，還提供出差費，讓負責行銷的婦女們到日本國內或世界各地旅遊，並在旅途中兼做行銷。

因此，查爾斯公司的員工出遊總是一大團婦女相伴。如果在這趟旅程中有特別指派行銷任務，那麼她們一到目的地，便會立即「分隊」，然後依約「送貨」與「賣貨」，等工作完成後才會開始玩樂。

在外人眼中看起來負擔頗爲繁重的旅遊行程，對她們來說卻是趣味無窮。她們一致認爲：「工作和玩樂本來就是一體兩面的嘛！」

從第一批共七百九十五名婦女整隊前往香港旅行後，第二批團員便增加到了一千四百二十八人。不久，前進夏威夷時，人數已累積到二千名，只見一群女人在海灘上輕鬆休假，嘴裡閒聊的卻是：「我想出一個挺好的推銷方式耶！回去後我們來試試看。」

一九九三年，公司發言人對外宣稱：「我們已經讓六千名主婦們在夏威夷享受分紅的快樂！」

旅行對這群早早步入家庭的婦女們來說相當難得，難得的清閒和愜意讓她們回味不已，而這也正是激勵她們賣力工作的動力。爲了再一次享受旅遊的樂趣，她們無不全力以赴。

獲利豐厚的查爾斯公司也從不獨佔利潤，大方地與行銷人員共享成果，即使每年的分紅開銷都達三百多萬美元，但相較於節節上升的銷售量，查爾斯老闆笑著說：「何必計較那麼多？員工好，我們自然會更好，不是嗎？」

有錢人的想法和你不一樣

「分享」是查爾斯公司能與員工們緊密相連的線，更是讓公司業績長紅，市場不斷拓展的成功秘訣。

在那個分紅福利尚未普遍的年代，用旅遊來獎勵員工辛苦付出的方式，確實成效斐然，尤其這對每天家庭與工作兩頭燒的職業婦女來說，「旅行」的獎勵的確吸引人，這是個十分合理且正當的休息機會，更是暫時放下一切的最好藉口，即使旅程中她們得帶著商品同行，也樂在其中。

換個角度說，對查爾斯公司來說，看似多餘的分紅支出，其實藏著與員工們共創雙贏的意涵。公司讓婦女們能帶著愉快的心情投入工作，也讓她們爲了享有下一趟旅行而努力締造佳績，其中成效是許多經營者所無法預料的。

案例中沒有困難的秘訣，道理十分簡單：「只要一個小小的分享，公司就能收到心甘情願的賣命回饋！」

抓準消費者的不同胃口

只要能分析顧客的購買心理，高價商品也能暢銷。透過層層分級，周全地迎合不同需求，市場脈動自然盡在掌中。

不要低估了高價商品的市場，也不要鄙視次級商品的銷售成果。顧客們的消費口味很廣泛，但只要抓對了他們的胃口，就能縱橫市場，無往不利。

仔細推敲消費者心理不難發現，有人追求商品的使用價值與功能的實用性，有的人則是追求商品的流行感和新奇性。

當然，也有人只求商品價格越低越好；其他像是追求名牌，或是注重商品藝術價值的雅痞人士也不少。

如此多樣的消費心理，每種類型都是經營者必須仔細研究的。

你必須學習的經驗

有一次，天津亨得利錶店剛進了一批名貴的勞力士錶，每一只錶的售價至少要人民幣一萬三千元。

一開始，鐘錶老闆有些煩惱，因爲在這個收入不高的城市裡，要人們付出將近一年的所得來買一只錶實在很難。但是，當他看著展示櫃裡充斥著廉價又毫無特色的手錶，又覺得自家錶店太沒有競爭力了。

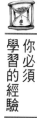

後來，老闆幾經考慮，決定進一小批勞力士錶來撐場面。出乎他意料之外的是，就在勞力士錶正式亮相的當天，這款貴得嚇人的名錶便被搶購一空。這時老闆又苦惱了，但這時他的心情卻是：「唉，早知道就多進幾個了。」

不同的顧客族群有不同的需求和消費能力。聰明的經營者不應該只看得見「大多數人」的需要，還要能確實滿足「極少數人」的慾望。也就是說，無論消費者屬於金字塔的哪一層級，有著賺錢習慣的經營者都應當全數網羅，如此無論收益大小，皆能全數進入口袋。

有錢人的想法 和你不一樣

市場到底隱藏著什麼樣的需求？也許世事難料，人心難測，但市場總有其規律與原則，這其中包括人們對於精品的渴望。

高價高品質的產品向來吸引人們的目光，即使口袋空空的人，看著高價品心中必定幻想著擁有它，更何況是那些喜歡藉高貴物件來襯托身份地位的人，以及喜歡用名牌產品來表現財富的人們。

換個角度分析，故事中的老闆其實犯了一個行銷上的盲點——目光短淺。從消費層來分析，金字塔底層的人雖然儘量要求低價，但是，頂層族群的消費需求又豈能忽略？

只要能分析顧客的購買心理，高價商品也能暢銷。透過層層分級，周全地迎合不同年齡、性別、收入或社會地位者的需求，市場脈動自然盡在掌中。

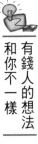

「服務品質」是消費市場的第一要求

不必看別人做了些什麼，而是要找出別人什麼還沒做，然後再積極研究這些還未進行的事情，及早找出市場的未來需求。

每個經營者都力求面面俱到，因為這是賺錢的基本要求，而絕大多數人的第一個訓練項目正是服務態度。

只要服務品質佳，消費者自然能滿足消費心理，消費時感到愉快。從消費者的感受出發，服務態度不正是消費意願的重要依據？

因此，只要企業經營者能培養出眼觀四面、耳聽八方的能力，無論消費者需要什麼，必能順勢迎合。即使市場風向有了改變，一切也盡在掌握之中。

你必須學習的經驗

一九九一年，李氏兄弟合力創辦了「李記草帽廠」，全廠只有七名工作人員。當時，除了李記草帽工廠外，整個海南島上的草帽加工廠少說也有七家以上，無論是國營企業或是私人工廠，技術與資金都比李記草帽更具優勢，再加上早已佔據的市場與人脈，較晚出道的李記草帽廠競爭力當然不如人了。

面對各方面都比不上對手的情況下，李氏兄弟感到十分苦惱。所幸面對這個窘況，負責人李定生一點也不氣餒，反倒信心滿滿地對大家說：「想在強手如林的市場上贏得勝利，其實不必看別人做了些什麼，而是要找出別人什麼還沒做。然後再積極研究這些還未進行的事情，及早找出市場的未來需求，如此一來自然能爭得第一。」

這是李氏兄弟共同構思的「生意經」。身爲老闆兼採購與推銷員的李定生，爲了深入了解當時的草帽市場，走遍各家商行，深入消費市場探究民眾眞正的需求，最終果真讓他找出突破困境的關鍵。

他發現國營工廠雖然產量豐富，然而送貨方式都是定點取貨，或由用戶到代銷點取貨，對此，李定生心中盤算著：「這對顧客來說肯定非常不便，如果我能提供送貨到府的服務，肯定會吸引人！」

於是，李氏草帽推出與國營草帽同價且同品質的產品，此外還多加了一項免費送貨到府的服務。計劃一推出，訂單紛紛湧進，其中不乏與其他工廠解約轉進的經銷商，他們全爲了送貨到府的服務而來。

李記草帽廠以不到三個月的時間迅速竄紅，拿下了三亞、陵水與保亭等地的經銷點。不僅如此，全國各地的農場也競相前來看樣訂貨。

李氏兄弟並不因此而感到滿足，爲了能持續拓展市場，經營團隊不斷研發新的草帽款式。根據顧客的需求，他們設計出各式各樣的草帽，從簡單實用的農場草帽到搭配造型的流行草帽，如此積極的改革活力讓他們迅速成爲消費者心目中的第一品牌。

「把握市場訊息，盡力爭取第一。」這是李定生爲公司定下的精神指標，如今他們堅持的這項原則也使他們獲得成功。

有錢人的想法
和你不一樣

因爲懂得隨時掌握市場需求，李氏草帽公司能隨時跟上市場的脈動，一出手便能迅速征服消費者的心。「活力」與「積極」是李定生研發團隊的特徵，他們沒有被一時的成功所惑，反而更懂得乘勝追擊的道理。一打出名聲後，他們更加努力建立自己的口碑，從積極服務消費者的態度中，找出了消費者的需要，也逐漸累積出牢不可破的霸主地位。

從提供獨有的送貨到府服務開始，李氏草帽工廠在已經飽和的市場中走出一條全新的道路，因爲這個供需模式，讓他們輕鬆在市場上獨佔鰲頭。

機會不在大小，而在能不能掌握。看似多餘的付出，往往藏著驚人的後作力，一如小小的鞠躬動作雖然微不足道，我們卻無法預料到，這個小動作竟能在消費者心中建立那樣深的好感。

現場試驗，最能取得消費者的信任

當陌生的商品出現在消費者的眼前，親自感受的方法，最容易讓商品與消費者拉近距離。

想要成爲商場強者，必須充滿創意，不畏艱難挫折，堅定向目標挺進。無論性格的強化、心境的調整、能力的提升、經驗的累積、人脈的增長、競爭優勢的確立……都是成功必備的要素。

除此之外，更必須講究商業手段，以及具備應有的敏銳度。

透過現場實驗的方式，讓消費者直接了解產品的功效與功用，是現代行銷最常運用的宣傳手法。

其實，我們不必從行銷角度思考，只需從自己購物時的情況探討即可明瞭它的功效。想一想，當商家在現場分享試用新產品時，許多被吸引過去的客人們，是不是都會忍不住掏錢選購呢，其中是否也包括你自己？

你必須學習的經驗

「強力膠」剛剛研發出來時，行銷人員爲了向世人們展示這個產品的功能，個個都絞盡了腦汁，不過，最後卻由他們的老闆想出了一個絕妙的方法。他們事先向金飾店訂製了一枚價值四千五百美元的金幣，接著便大肆宣揚這個消息：「只要你能拿走這枚金幣，它就是你的了。」

當人們對這枚金幣議論紛紛時，老闆忽然在鏡頭前出現，現場同時請來了許多位貴賓與媒體人士做見證。

「你們看仔細了！」老闆大聲喊道。

接著，有位員工拿出了一瓶「強力膠」，並將它仔細地塗抹在這枚金幣上，然後將這枚金幣往牆上一貼。

「不知道有沒有人想來試一試？只要您能從牆上揭下這枚金幣，那麼這枚價值四千五百美元的金幣就是你的了！」老闆大聲地說。

老闆的話語一落，不少觀眾們紛紛上前嘗試，但最終他們全都失敗了，這個「失敗」的畫面，透過媒體的傳播廣爲人知。

不久，金飾店的門口出現了一位著名的氣功大師，只見他運好了氣後，伸手猛地一拉，但這枚金幣仍緊貼在牆上，不動如山！

這個畫面當然再次透過傳播媒體傳送到家家戶戶，能讓金幣在牆上閃閃發光的「強力膠」果眞名不虛傳，後來，它也因爲這個充滿創意的宣傳活動，輕輕鬆鬆地行銷全球。

有錢人的想法和你不一樣

這是個十分具有親和力的宣傳方式。陌生的商品剛剛出現在消費者的眼前時，其實大多數人都會對它們有種不信任感，所以，能讓消費者親自感受的行銷方法，最容易讓商品與消費者拉近距離。

在這類行銷方式中，民眾最熟悉的是「試吃」、「試用」，而故事中的金幣現場試驗方法，當然也是這個遊戲規則的另一種變通。

在實際經驗過之後，消費者從中進一步地認識了新產品的功能，當然也更加確定了心中的需要，試想，當商品的功能得到了消費者的肯定與認同後，顧客們的消費慾望怎麼可能不被挑起呢？

有好的行銷宣傳才會有好的銷售成績，當經營者叨唸著業績不佳時，或者先該想想：「我是否用錯了行銷方法？」

不想被牽著鼻子走，就要反制對手

反其道而行，更能為自己找到生機，不想受制於人，經營者就要採用「利而誘之，亂而取之」的策略反制對手。

商場上，不是我掌握你便是你控制我，因而在企業版圖爭奪戰裡，當然得以自己爲第一考量，面對受制於人的窘況怎能輕易屈服？

不想再受制於人，那麼便得先學著「掌握自己」，當對手忽然丟出難題給你時，如果你能冷靜應對，並且展現解決的信心，相信光是這份自信的光采便讓你贏了一半。

你必須學習的經驗

有家酒廠每年生產的酒約一億瓶，也因爲需求量這麼大，他們的酒瓶有不少都得靠回收的舊瓶來解決。

有一年，不少回收業者藉著酒廠的生產旺季，暗中聯合起來，將回收到的舊瓶全部壟斷，以迫使各家酒廠調漲回收價格：「除非你們調到一個一角八分美元，否則我們不賣！」

眼看出貨時間漸漸逼進，有酒卻無瓶子可裝，這可是件很麻煩的事，因而不少其他酒廠只得答應回收業者的要求，調漲價格。

但是，這家酒廠的廠長卻搖頭說：「你們認爲這樣合理嗎？我不想接受這個不合理的要求。」

「那該怎麼辦？」生產部主任問道。

廠長想了想，接著便說：「我們將購買瓶子的成本價格再下降兩分錢，然後對外宣佈我們以後一律改用新瓶子。」

計劃完備之後，廠長又叫來了好幾輛大卡車，要它們在廠門外排成一列，接著對外放出消息：「聽說酒廠明天要去運載新瓶子了。」

消息一出，立即引起回收業者的回應，不少業者還暗中協調，希望這家酒廠能購買他們的舊瓶子，且降兩分錢也願意。

爲什麼會這樣呢？原來，這些回收業者根本賣不出這麼多空瓶子，畢竟他們眞正的目標是這家酒廠這個大客戶，如果這家酒廠眞的再也不買他們的舊瓶子，那麼他們一定要面臨斷炊的命運。

於是，不少業者看著囤積在倉庫裡的空酒瓶，尋思：「萬一他們眞的從此不再買我們的瓶子，那就完了！」

因此，一些擔心沒飯吃的業者，立即一車車地將空瓶子運到酒廠門口，希望廠長能繼續購買他們的瓶子。

至於酒廠，則在這個斷貨危機中爲自己找到了生機，不到十天的時間便回收了五百萬個酒瓶，從此再也沒有斷貨的情形出現了，最重要的是，因爲這個意外插曲，反而讓他們每年省下了近六百萬元呢！

反其道而行，的確更能為自己找到生機，在這個「利而誘之，亂而取之」的策略裡，廠長冷靜地看清實際供需的情況，更看清了回收業者沒有看見的危機。如此敏銳的觀察力與智慧，的確是後進者應當好好研究的。

從這家酒廠的成功經驗中，我們也學習到一個法則：「不想受制於人，經營者就要懂得怎樣反制對手。」

當別人有心要操控我們的行動，我們不必硬是要往前走，思考更不能一味地直線前行，此刻思路若能轉個彎，往回走又何妨，只要終點能夠到達，我們何不以停頓爭取更好的時機呢？

7

能看見未來，才能創造未來

當別人受困於變化難測的消費口味時，能預見明天風向的人自然能及時迎合市場的胃口，成為消費者眼中第一且唯一的選擇！

動動腦筋，垃圾也能變成黃金

只要你擁有創造性的頭腦，任何行動都是你實踐夢想的第一步。不論何時何地，只要肯動動腦筋，垃圾也會變黃金。

哲學家尼采曾經說過一番很有見地的話：「所謂的商業道德，只不過是一部冠冕堂皇，經過商人精心修訂的強盜經！」

在這個競爭慘烈的殘酷年代，不少人都知道得拼命賺錢，才能讓自己和家人過好一點的日子，卻又礙於所謂的尊嚴，放不下身段，拉不下那張老臉，只能眼睜睜看著別人賺錢。

其實，想要賺錢，不但要具備一些創意與心機，更要突破自己的心理障礙，在不犯法的前提下，勇於嘗試各種可能成功的方法。如果你老是在乎別人的觀感，空有滿腦子的想法，卻不敢付諸行動，又如何爲自己賺大錢呢？

你必須學習的經驗

居住在美國休士頓的麥考姆先生以收購大型廢棄物聞名，當地人還封他爲「收破爛大王」。從年輕時開始，他就已經開始從事回收工作了，用這些「垃圾」來換取基本的生活所需，慢慢地靠著它們累積了一筆可觀的財富。

一直在撿拾瓶瓶罐罐的麥考姆先生，有一天突然想到：「只收這些小東西似乎沒什麼前景可言吧！我應該想辦法去收購一些大型廢棄物，說不定將來會有不一樣的發展機會。」

只是，他要收購什麼大型廢棄物？又該怎麼收購那些大型回收物呢？

當他提出構想時，許多人都搞不清楚他到底要做什麼，甚至還有人笑說：「你怎麼搞的，竟想靠垃圾賺錢！」

麥考姆就是想靠垃圾致富，對他來說，收購廢棄物是他最佳的發展方向！

不久，有一家得知消息的公司詢問他：「你能不能幫我們處理掉這些廢油井裡的所有廢棄物？」

麥考姆先生一聽立即點頭答應。他來到油田裡，見到許多開採完後便被丟棄不用的廢油井，心想：「低價收購後，我便可全權處理了。」

於是，他再次和當地的石油公司洽談，最後以極低的價格買下了這些廢氣的油田。只是連他自己也沒有想到，就在他著手進行拆除與清除的過程中，竟讓他重新發現了豐富的地底資源——石油。

因爲這個成功機遇，讓他受到極大的激勵，從此他開始四處收購廢油井，不斷地從這些廉價的油井中獲得龐大的利潤。

從「廢物利用」的角度思考，麥考姆先生重新調整了方向，不再滿足於廢油井中偶然發現的石油，而是轉往「收購」一途。他開始尋找那些即將關閉或營運不善的公司，並且以極低的價格買下這些公司，然後請來許多專家進行重整與規劃，直到公司的狀況有了起色，他再以比成本高出許多倍的價格賣出。在買賣中間，他又賺進了一筆可觀的財富。

有錢人的想法和你不一樣

關於成功致富，法國有句諺語這麼說：「懂得用最少的錢，發揮最大的功效，就是致富的不二法門。」

的確，如果你懂得動動腦筋，垃圾有時也會變黃金；如果你懂得將一塊錢當成十塊錢來使用，讓一百塊發揮一萬塊的功效，那麼即使你目前再怎麼窮，有一天也會變成人人羨慕的大富翁。

這其中的重點只在一個「態度」，無論財富還是事業都得踏實地累積，不應該對身邊的人事物有貴賤之分。其實，商機到處皆是，只怕我們的大過好高騖遠而忽略眼前的小事物。

我們身處的是網路與科技不斷翻新的時代，也是窮人隨時都可能一夕致富的年代。想要從窮人變富翁，應該記住國際金融家索羅斯說過的話：「只要你擁有創造性的頭腦，任何行動都是你實踐夢想的第一步。」

麥考姆先生除了眼光獨到之外，也是個勇氣十足的商人。他不顧別人的異樣眼光，努力地為自己的人生打拚，雖然人們處處貶低他，但是他卻從不感到自卑，而且經常勉勵自己。

我們看著他從撿拾破爛起家，慢慢地茁壯並且創造了自己的舊物回收企業，最後還成為油商與企業併購的商業鉅子。其中變化想必讓當初嘲笑他的人全都目瞪口呆了吧！

從這個案例，我們可以知道，不管成功方式有哪些，都有著共通的準則：「不論何時何地，只要肯動腦筋，垃圾也能變黃金！」

想做好廣告，先動動頭腦

行銷的技巧變化多端，有好的行銷計劃才能讓產品的優點充分嶄露，也才能讓消費者明白這就是他們想要的！

打開電視，琳瑯滿目的宣傳廣告正努力地想挑動消費者的心，但眞正能吸引他們目光的廣告似乎不多。

在媒體行銷疲勞轟炸的年代，我們都知道，宣傳廣告的方法若不能推陳出新，便很難挑動大衆的消費慾望，因爲，新產品上市之初，人們第一個品評的標準只能從廣告中了解。

在行銷廣告日漸多元化的今天，企業公司爲了讓產品打開知名度，或是提高企業的名聲，大都會採取不同的行銷模式，透過公關活動、贊助活動或是舉辦比賽的方式來行銷，並塑造出企業的良好形象。

你必須學習的經驗

以生產彩色絨線著稱的一家日本紡織公司，曾運用公開競賽的方法，巧妙地推廣自家產品。

當年，這家紡織廠從德國引進一台最先進的彩色絨線機，可以生產出大量各式花色的絨線。看著這些剛出爐的絨線，公司的經營者雖然開心卻也苦惱著：「要怎麼樣才能讓大家接受呢？」

聽見老闆的苦惱，站在他身邊的主任說：「不如辦場編織大王競賽，我們可以要求參賽者一定要用我們生產的絨線。」

「這個主意不錯！」老闆說。

宣傳一推出，果眞吸引來大批的編織高手，每一間門市全部大排長龍，人們競相採購絨線，以便能參加這場盛大的編織比賽。

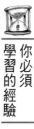

比賽當天，大約有三千多人聚集在廣場上，編織出來的產品更是五花八門，從一般衣物到床罩、沙發套……這些讓人眼花撩亂的創作，也令評審們傷透了腦筋。透過公關部門運作，電視、報紙對此活動也十分重視，甚至有媒體還以專題方式進行追蹤報導。

公佈優勝名單後，他們還選出其中幾件精品進行量產，自此彩色絨線也打開了市場，而且暢銷不衰。

有錢人的想法和你不一樣

看見這家日本紡織廠用比賽的方式來推薦消費者使用新產品，的確讓人眼睛爲之一亮，畢竟這樣盛大的宣傳活動，比起一般廣告更有效，當然其中得付出的心力也不是一般宣傳方式所能夠比擬的。不過，只要付出後便能回收，即便得多付出一些，想必任誰都願意吧！

儘管行銷的技巧變化多端，但還是會有一兩個要訣，就像這家紡織廠的行銷策略便是以挑動消費者的表現慾望爲要點，以公開競賽爲號召，實際上，被列爲配角的絨線在行銷人員技巧性推廣下，早已悄悄地成了這場編織大賽的主角，這便是產品能成功打入市場的關鍵。

他們透過編織者的巧手來突出絨線的優點，更透過盛大的比賽來吸引人們的目光，當鏡頭開始追逐編織好手的身影和出神入化的技巧時，絨線自然也大剌剌地出現在鏡頭前，透過媒體無遠弗屆的傳播，每個人都知道這家紡織公司出品的絨線即將上市了。

更巧妙的是，經過編織好手的「代言」，產品形象也在這場比賽中慢慢地建立，因爲，人們將不自覺地把「編織高手」與「絨線」劃上了等號。

這個行銷範例告訴我們，有好的行銷計劃才能讓產品的優點充分嶄露，也才能讓消費者明白這就是他們想要的！

適時退讓才不會兩敗傷

退讓一步更能保全自己，聰明地留下與人競爭的力氣，才有足夠的精力去開發屬於自己的全新未來。

美國百貨大亨朱里亞斯．羅森華曾說過一句名言：「當手上只有一個酸檸檬時，聰明的人會設法將它做成可口的檸檬汁，而愚蠢的人，則會眼爭爭看著它，直到爛掉為止。」

在這個激烈競爭而又快速變化的世界裡，無論哪一種競爭，都不可避免地充滿著優勝劣敗的對抗與消長。

只是，在這樣競爭的環境底下，無論我們處在什麼樣的地位，都應當要懂得「適時退讓，以柔克剛」的重要，像二次大戰後日本經濟能有如此成就，便是日本商人們靈活運用這個要訣的成果。

你必須學習的經驗

日本經濟逐漸崛起後，日美貿易順差越來越大，美方立即想出因應對策，不久，美國貿易保護主義重新抬頭，幾項新增的條文更是針對日本而來。

一九八〇年，日本汽車產量首次超過了「汽車王國」美國，更躍上了世界的第一位。美方見狀，立刻要求日本汽車公司必須自動限制產量，當許多民眾對美方的做法感到不服時，沒想到日方卻一口答應了美國的要求。

當然，會有這個退讓的決定，依日本商人的智慧，他們肯定是有了其他的計劃！的確，日本商人絕對不是省油的燈，在這段時間，趁機把生產設備搬遷到德州與加州。

這個動作是爲了讓日本汽車能完全在美國「出生」，如此一來，他們便能像美國汽車一般在「自家」的土地上自由進出、生產。

退一步，他們更見廣闊的天空，雖然美方對日本產品的進口限制從未鬆手，但思路靈活的日本商人們旋即又發現了墨西哥的勞工廉價，以及墨西哥與美國之間的交流漏洞——美墨之間的交易優惠。

後來，美方發現日本人偷偷地從這個後門進入，立即進行防堵，日本商人們也即刻退出了這個市場，再繞進了美國境內，因爲他們早已看上了美國中部及邊境的新興地區。

有錢人的想法和你不一樣

在這些看似逆來順受的退讓裡，其實日方才是最後的勝利者，充分表現了日本商人的機智。

成功的關鍵在於，在退讓的動作裡，他們也懂得預留「備胎」的重要性，因此，當其他國家企業只顧著開發眼前目標或斤斤計較當下結果時，日本商人們更重視開發新市場。

你的天空有多遼闊，端看你的眼界能看得多遠，對日本商人來說，任何阻礙都不過是一點風浪，只要實力充足，處處都是商機，也處處都是市場。

這是日本商人的商戰智慧，也是值得所有經營者仔細咀嚼思考的經商訣竅，誠如日本商人在故事中所表現的，不想兩敗俱傷，經營者便要懂得以退爲進。不要硬碰硬，退讓一步更能保全自己，聰明地留下與人競爭的力氣，才有足夠的精力去開發屬於自己的全新未來。

想征服市場，必須懂得分享

思考靈活且視野寬大的經營者，別忘了百事可樂在故事中展現的經營策略：「想成功嗎？先學會分享再說！」

「獨佔不如分享」雖是生活上的道理，但你如果懂得應用在商場上，這場市場爭奪戰不必打，你便已經站上了勝利者的位子。

這和「伸手不打笑臉人」的道理一樣，一個肯熱情與我們分享的人，想必你不忍心將他絆倒吧！

經營者在取捨之間若能兼顧他人的利益，並懂得拿捏分寸與時機，那麼成功的機會也一定唾手可得。

高明的生意人大都不會唯利是圖，因爲他們根本不喜歡獨吞全部利益，對他們來說，若能讓對手也得到利益，才會有擁有更多的機會。

你必須學習的經驗

激戰已久的可口可樂與百事可樂，在長期的競爭對抗中，好一陣子都在尋找機遇、開拓市場，把不利因素轉化爲有利契機。

然而，就在一九七八年，原本在印度飲料市場佔盡優勢的可口可樂公司，卻爲了抗議印度政府的新政策，撤出這個市場。

如此龐大的勢力忽然收手，當然讓不少等待機會的飲料商開心不已，其中也包括可口可樂最強大的對手百事可樂。

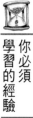

接手的百事可樂公司，有了可口可樂的前車之鑑，準備前進印度這塊市場時，公司內部決定了四項措施。

第一便是要與當地集團合作，他們知道，只要能與印度的在地商人成功合作，便能夠在超越當地的飲料公司時，不會因爲外來身分的關係，招致當地人批評、反對，也能間接取得官方的肯定，核准上市。

第二項更是絕招，十分懂得人心的行銷人員，向印度釋出極高的誠意，全力幫助印度出口農產品，讓政府因而心生感激，相對地也願意釋放善意，這個好處正是降低百事可樂產品的進口稅。

第三是與印度商人洽談，讓百事可樂產品確實行銷到鄉村地區，這一點，過去的霸主可口可樂公司便從未達成。

最後則是包裝部分，百事可樂沒有一味獨佔，而是大方指導當地工廠的加工技術，這些樂於分享的作風，果然很順利快速地打入了印度的市場。

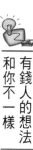

這個盡情分享的原則，也完全抵擋了可口可樂想重新進入印度的企圖，如今在印度，百事可樂仍然是當地人民最常選擇的飲料之一。

有錢人的想法和你不一樣

「懂得互惠原則，必定能得到別人心甘情願的支持。」這是百事可樂在故事中與企業領導者分享的經營概念。

面對競爭對手惡劣的態度，我們永遠都不會知道，他們背後的人脈或靠山有多堅強，所以聰明的百事可樂選擇了分享利益，如此謙虛退讓的姿態，試想，還有誰會給壞臉色看呢？

「做利他的事，必定能等到利己的事」，百事可樂站穩了印度的市場，並取代了可口可樂過去強勢獨佔的江山，我們再一次證實了：「想征服市場，必須懂得分享」。

在印度每個角落都看得見「百事可樂」商品，說明了百事可樂的用心經營。如此面面俱到的經營手法，若非思考靈活且視野寬大的經營者，很難得此成績，所以，也想得到相同成果的經營者，別忘了百事可樂在故事中展現的經營策略：「想成功嗎？先學會分享再說！」

運用「口碑行銷」締造績效

「先捨後得」的行銷策略，在現實的商戰場上，確實有效，因為低價推銷或試用贈送方式，正中人們佔便宜的慾望。

凡事不要只想著結果，在這個競爭激烈的市場上，聰明而成功的經營者大都只專注於如何跨出品牌行銷的第一步，即便有時候要有些犧牲，他們也願意給先給別人吃一點甜頭。

事實上，「先賠後賺」是許多經營者的重要行銷策略，因爲在這欲取故予的謀略裡，大企業家們早已預見了豐收的未來。

你必須學習的經驗

美國有一家化妝品公司一向以「質優、低價、多元」為經營策略，也因為對這個理念的堅持，在創業的第一年裡賠了一百多萬美元。

不過，這個損失並沒有嚇倒他們，因為他們知道，這樣「物美價廉」的產品印象已經深植消費者心中，必然會得出最好的結果。果然，不少消費者使用一年之後，對產品不僅有了信心，更產生了極大的認同感。

市場打開，消費群也已經固定之後，他們才慢慢地將產品價格回復到一定水準，很快地，在第二年他們便賺進二百多萬美元。

這樣的行銷策略不只在美國出現，日本一家知名藥廠也曾運用這個方法。當年，這家藥廠為了讓含豐富DHA的新產品「深海魚油」行銷美國，曾向東京工商會長請益。

「請問，我們要怎樣才能打進美國的市場？」廠長問道。

「打開美國市場？嗯，你們可以先在美國各大城市的旅館或飯店裡設櫃，提供一些試用品贈送來往的人，只要讓美國人對這項有了認識，你們的市場自然就打開了。」會長回答。

廠長一聽，當下便做了決定：「好，那麼我們就準備五萬盒試用品。」

助理聽見廠長的決定，吃驚地說：「這麼一來，我們的損失可不少啊！五萬盒試用品的成本可要好幾千萬啊！」

雖然助理提出疑問，但是廠長已經下定決心了。

結果，正如會長所預期的，旅館裡人來人往，行銷效果非常好，「深海魚油」的名聲透過「口碑行銷」，很快地打開了美國藥品市場。

此外，更令人意想不到的是，在這個匯聚世界各國旅人的國度裡，他們打開的不僅是美國的市場，還打開了四十幾國的市場，五萬盒試用品贈送完畢之前，便有八十七家世界各地的公司向他們提出「深海魚油」的代理經銷權。

有錢人的想法和你不一樣

怎樣才算是眞正的精打細算，我們可以從故事裡的「口碑行銷」模式得知一二。廣告的形式有很多種，媒體廣告雖然更快速、更有效，但相對的更耗費資金；「口碑行銷」雖然緩慢，但是，只要順利發酵，就能締造更高的績效。

在看似犧牲的經營方案中，不難看出「先捨後得」的行銷策略，雖然未收穫便付出的方法有些危險，但在現實的商戰場上，這個方法確實有效，因爲若不捨得付出，那麼再好的商品恐怕都要靜靜地在角落裡等待有緣人了。

消費者心理從來都是貪小便宜的，因此，是否能在第一時間取悅或迎合消費者，無疑是行銷計劃的重點，像低價推銷或試用贈送方式，無疑正中人們佔便宜的慾望，當然前提是產品必須經得起檢驗。

成功地誘引消費者消費與試用之後，無論是對產品有了習慣的需要，還是長久試用後所產生的信任感，經營者的犧牲總會有得到補償的時候。

凡事必定有突破困境的方法

願意接下燙手山芋的人自然有卓越的領導能力，因為危機是他們表現才能的最佳機會，更是他們一展長才的絕佳開始！

遭遇的困難再多，都一定有解決的辦法，只不過要如何聰明地扭轉乾坤，便得全靠領導者的智慧與決心了。

這是因爲，突破困境的方法很多，但是決心卻不是人人都有，正如成功的行銷方法很多，可是眞正有智慧選對行銷手法的人卻不多。

你必須學習的經驗

亞歷桑納州有一間專門生產手工織品的領帶工廠，其中又以眞絲製成的領帶爲工廠的主力產品，問題是，無論該公司人員如何保證產品優質，消費者對於這個陌生的產品始終缺乏信心。

因此，六個推銷員跑遍了三十多個大小城市，卻沒有人能簽成一份合約，在入不敷出的情況下，工廠慢慢地走向了關門的命運。

在最緊要的關頭，總公司調派了一位年僅二十九歲的新廠長進駐，在這位年輕的領導者帶領之下，領帶工廠裡的工人們似乎看見了一線曙光。

因爲，廠長在了解了主力產品的質量與行銷情況後，充滿自信地對大家說：「其實，我們在市場上的確缺乏知名度，再加上未能跟對市場潮流，更忽略了讓消費者充分了解我們的眞絲織品的質感，但是我相信，只要消費者能認識這項產品，明白我們的堅持與付出，未來的成績肯定超出各位的預期。」

整頓了約一個多月後，年輕廠長終於等到了一個拓展業務的好機會，他向行銷人員說：「紐約將舉辦一場全國性的企業展覽會，你們一定要好好把握這個機會，工廠的未來全靠你們了。」

決定孤注一擲的廠長，立即要求全廠停製其他織品，全力專注於手工領帶商品，因爲他知道：「這項商品便足以帶領我們突破困局！」

沒有絕對的把握，誰也不敢冒這樣的風險，可是充滿信心的廠長似乎已看見了未來，因此一聲命令之後，工人們也不再質疑，全力生產最優質的領帶。

來到紐約後，廠長要求行銷人員將公司生產的領帶，一條一條地送到展覽會上二百多名工作人員的手中，這個贈送活動果然引起注意，當每一位工作人員將領帶套上後，立即化身爲現場最具宣傳效果的活廣告！

就在展覽期間，這款眞絲編織的領帶在紐約市裡處處可見，不少電視記者們在播報這場活動時，也繫上了這款領帶，一時間人們似乎把這款領帶視爲當季最流行的配件，詢問的人也越來越多。

十分懂得行銷的廠長，又趁機買下了某個節目時段，在節目上大談「西裝與領帶」的專題，並教導人們如何選購及搭配。

很快地，領帶工廠的訂單如雪片般飛來，甚至連日本及英國、加拿大也有不少商人慕名前來訂購。

第二年，公司再度參與一場全國性的商品展覽會，不到兩天的時間，現場的商品便銷售一空，連工作人員脖子上的領帶也被買走了。

有錢人的想法 和你不一樣

廠長從選定行銷產品著手，然後大方贈送給參展人員，每一步的行銷動作看似簡單平凡，實則是用盡心思的謀略。在「活廣告」帶動下，消費者發現商品的優點，實際使用後的經驗分享，使得這家手工領帶慢慢地累積出名聲，更漸漸地拓展出屬於自己的好口碑。

當然，成功的關鍵便在於年輕廠長的「果決與信心」。我們可以這麼相信，在接任這間面臨關閉的領帶工廠時，廠長便已做好突破的準備，並且堅信自己能讓搖搖欲墜的工廠重現生機。

果不其然，願意接下燙手山芋的人自然有卓越的領導能力，因爲危機是他們表現才能的最佳機會，更是他們一展長才的絕佳開始！

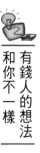

能看見未來，才能創造未來

當別人受困於變化難測的消費口味時，能預見明天風向的人自然能及時迎合市場的胃口，成為消費者眼中第一且唯一的選擇！

「遠見」之所以是企業領導者必備的能力之一，是因爲所有的經營者最終的目標都是希望能成爲未來的領航員，甚至能夠被譽爲創造未來的經營之神。

其實，只要經營者能從過去經驗中發現未來走向，更能夠一步步實踐創造未來，那麼就可以締造一番輝煌的成就！

你必須學習的經驗

被譽為「經營之神」的日本企業家松下幸之助最為人驚嘆的能力不是他的經營技巧，而是他預測未來市場的「遠見」。

當年，若非松下幸之助迅速開拓電機這個領域，也許松下公司至今仍然還只是一家沒沒無聞的小公司而已。

當時的市場群雄並起，競相爭逐，雖然松下幸之助所選定的發展方向早被人捷足先登，但是他從未被擊退，因為他知道：「他們只懂得發展電風扇之類的產品，而我卻看見了其他電器設備的無限前景！」

其實，松下公司早就做過一番市場調查，調查後他們發現，電風扇的需求量畢竟有限，仔細研討過後，他們看見當時電風扇發展的囿限，也從中發現了一件事：「未來的世界將會加速邁向全面電器化！」

這也就是說，一些小家電或是其他家用電器將是未來最重要的需求。

不少生產電器的老公司看到松下公司忽然冒出頭，還大力宣傳未來發展，都帶著懷疑的眼光盯著松下幸之助：「看這小毛頭能有什麼作為？」

或許是初生之犢，面對巨大的市場潛力與無限可期的產業，松下幸之助在一場記者會上，以十分堅定的聲音說：「隨著人類文明的進步，我預料，未來每家每戶平均將有十台以上的電器用品！從這個角度來評估，更可以這麼說：未來的電器用品的需求量是沒有限度的！正因爲如此，松下公司將全力投入技術研發，今後也將以小家電爲主要發展目標。」

科技不斷發展，如今的環境，不是正如松下幸之助的預料，果眞平均每戶都有十台以上的小家電用品？

努力了近半個世紀，松下公司自始至終都致力於小家電的研製與開發，如今松下公司也如松下幸之助所期許的，不僅成了電器科技的先驅，更是全世界家用電器生產的龍頭！

有錢人的想法和你不一樣

松下電器的發跡，至今仍爲人津津樂道，人們在讚許松下幸之助的功績時很少談論結果，因爲大家最想研究的是他的發展過程，渴望了解他的成功技巧，即使是他曾經跌倒，人們也都會細細地研究其中關鍵。

關鍵在於掌握未來的發展趨勢，從故事中我們看到了松下幸之助的成功經驗：「看得見未來的市場，自然能抓得到未來的需要，當然更能長久擁有這個市場。當別人受困於變化難測的消費口味時，能預見明天風向的人自然能及時迎合市場的胃口，成為消費者眼中第一的選擇！」

陷入企業經營困境的你看得見未來嗎？

其實，商場上並不缺乏機會，但卻只有少數人能看見未來，抓住先機。不管從事什麼行業，前進的方向不能混亂，對於未來更要能明確把握，如此才能成爲創造未來的企業領導人。

用情感來累積商品的價值

古物的價值其實不在於商品本身，而是人們經年累月寄託在它們身上的情感。用情感創造價值，就能讓物品增值。

爲什麼古董的價格總是高得驚人，又爲什麼在古物市場上老是有人會吃悶虧？其中關鍵因素不在於懂不懂，而是捨不捨得。因爲，古董的價值不只在於時間的累積，更是人們借物寄情的需求；爲了擁有獨一無二，人們花再多的錢也願意，爲了尋回往日情懷，人們也捨得花錢買回憶。

你必須學習的經驗

成之凡是旅居法國的華人珠寶商，有天她在一場記者座談會上聊到珠寶首飾收藏品時說：「收藏珠寶、金銀首飾，最好選擇簽有設計者名字的作品，如此一來商品才能兼具保值與增值的空間。」

解說時，她隨手摘下自己手上的戒指，然後遞到記者的面前，仔細地講解給記者聽。「你看，這是一只十八K金的戒指，內壁刻有製作的年代和設計師的名字。」成女士說。

記者仔細地看著戒指，這只外形酷似蝸牛的戒指是在一九五〇年製成，是成女士剛到法國那年買下的紀念品，當時的售價是六千法郎，不過今天即使捧著六萬歐元現金也買不到了。

因爲，這只戒指是在第二次世界大戰結束，老百姓終於可以平靜生活後，許多有錢人家爲了追憶一度遺失的生活而專門訂做的首飾。這些純手工精製的作品，據說每一個款式都不相同，價值便在於此。

成之凡當然懂得其中價值：「手工精製和機器製作的當然不同了，試想，千篇一律的東西與獨一無二的作品，你會相中哪一個？」

「當然是獨一無二的東西了！」記者脫口而出。

確實如此，因而有一年成之凡女士再次來到巴黎，在市場上發現了一款很別緻的卡片，便一口氣將桌面上所有的卡片全部買下！

原來，當時這款卡片已經有七十年的歷史了。據了解，法國在一九〇〇年代相當崇尚東方文化，於是有計設師便將卡片設計成白菊花的款式，當年產量相當多，而且售價也很便宜。

這些東西在七十年後被成女士發現，她一口氣買下的舉動頗爲引人側目，雖然當時許多人感到奇怪，但並不了解其中玄機。就在三年之後，巴黎人發現了這款卡片的時代價值，這才開始到處尋找收藏。

當然，這時市場上已經看不見這些貨品了，至於成女士手上的廉價卡片，卻隨著時間的前進，悄悄地成了市場上價值非凡的寶物。

喜愛古董的人，對於古老東西的嗅覺總是特別靈敏，即使寶物隱沒於惡臭難抑的垃圾堆中，他們還是能分辨出什麼是眞正的寶物。

就像成之凡女士一般，當別人將那些過往的東西視爲垃圾時，她卻能細心地找出當年的生產背景與時代意義，然後迅速地評估出隱含其中的歷史價值。就像她反問記者的選擇態度時一樣，她的雙眼就像是一個可以透視人心的機器，能看透人們的心理，特別是未來的需要。

古物的價値其實不在於商品本身，而是人們經年累月寄託在它們身上的情感。正因爲其中富含著多年積累的情感，再加上因失去而學會珍惜的心理，經常讓古物的估價超出了當年的價格，而這也正是成之凡女士在故事中要教導我們的選購古物的技巧和態度。

不僅僅古物市場，這個法則也適用於其他市場。在未被人重視前認眞珍惜，在人們重視時我們便能讓手中的事物無限增值，這個道理正是那些在市場上佔有一席地位的經營者最常分享的遊戲感想。

8

成功者都走在市場變動之前

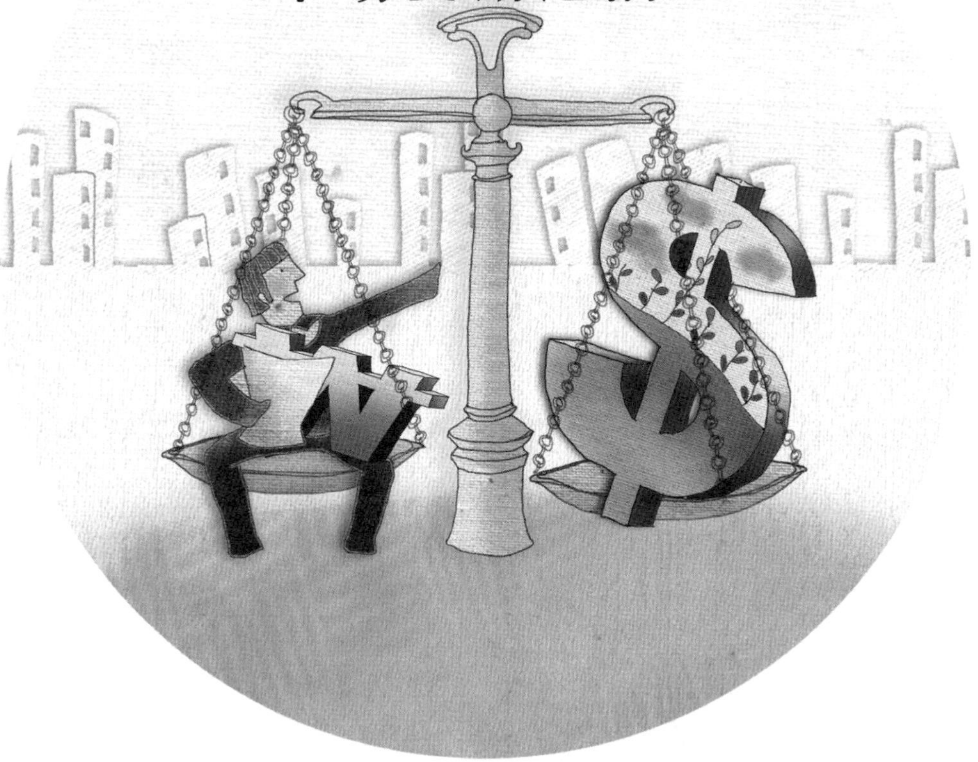

一發現市場趨勢出現了變動，經營者便要積極調整腳步，不然一旦錯失了第一時間，市場便會被其他積極前進的公司佔有。

商機，在於理解消費心理

懂得消費者的需求，也願意為消費者多付出一份心意，便能從市場上找到切入的機會。

在強調「藍海策略」的現代商場上，不能再用盲目的較量方式來搶奪市場。如果不能用心地研究消費者的需求，不能努力地培植好實力，景氣再好，還是會繼續失意於商場。

所以，多下點功夫解讀消費者的心，多花些心思研究消費者的慾望，才能探尋出未來市場的方向，也才能捕捉到最適於發展的商機。

你必須學習的經驗

一九八三年聖誕節前夕，一架自香港出發的波音七四七班機飛抵美國。在這架飛機上載了十萬個布娃娃，原設計者是一位美國青年羅巴斯。

第二天，洋娃娃迅速地在美國各地舖貨上市，令人吃驚的是，不到幾個星期，這些洋娃娃就被搶購一空了。

年僅二十八歲的羅巴斯之所以設計出這一款洋娃娃，是因爲他深刻了解美國社會的結構與需求，認爲：「美國的社會風氣強調獨立性，因此父母們都會讓孩子們早早脫離家庭，讓他們出去學習獨立生活，不過這也讓父母的家庭生活變得寂寞又無趣，這其中又有許多離婚的家庭，他們心中的孤寂感想必更加強烈，因而他們比誰都需要精神上的安慰。我認爲無論是成年人還是孩童們，都一定需要娃娃的陪伴。」

因此，羅巴斯與廠商仔細討論，設計出一系列的洋娃娃寶寶，除了試探市場對洋娃娃的需求之外，還構思出一個賦予娃娃眞實生命的企劃。

爲了更貼近人們的心理，廠商把布娃娃塑造成一個有生命的小娃娃，取名爲「椰菜洋娃娃」。在行銷手法上，不把洋娃娃視爲商品，而是一個眞實的新生命，所以宣傳時打出「領養」兩字，還要求認養者必須簽署「領養手冊」，並保證會好好地照顧娃娃。

經過一番手續之後，主人才能正式將這個「寶貝」帶回家。透過這些動作，消費者果然對原本沒生命的布娃娃產生了一種無法言喻的感情，那份感動好像是迎接新生命一般。

如今，這款認養娃娃暢銷全美，雖然一個娃娃售價要一百五十美元，但是爲了排解孩子們離開後的孤獨感，也爲了培養孩子們懂得珍惜與發揮愛心，大人紛紛搶購這款彷彿有生命的娃娃，當然也有許多渴望發揮母愛的女孩們，結伴到洋娃娃店尋找她們心中的寶貝。

有錢人的想法和你不一樣

在這樣的創意底下，我們還看見了一份關懷。娃娃被賦予了生命力，以擬人化的概念來行銷，這不僅開啓了人們的心扉，還能達到安撫寂寞的作用，因而帶動了無可限量的人氣。

消費心理確實是一門很深奧的課程，然而只要經營者聰明地以同理心去探索市場，其實不難發現人們所需。

一如從自已文化背景出發，思考市場需要的羅巴斯，從切身的經驗裡體會出他人的內心世界，也從中聯想出具有創意的椰菜娃娃。

羅巴斯藉著「將心比心」的體貼和「溫暖人心」的付出，不僅爲孤獨的人帶來了生活上的安慰，也爲自己換得難以估算的利潤。

換個角度解讀，羅巴斯的經營策略是：「懂得消費者的需求，也願意為消費者多付出一份心意，便能從市場上找到切入的機會，所以當別人仍著急地尋找市場時，我們早已創造潮流、搶得先機。」

實現你心中的每一個創意

一個迅速出現的靈感，一個轉眼便會被遺忘的想法，都藏著無限的發展契機。

因爲需要，我們才會萌發出這麼多構想，因爲希望改變，我們的腦海裡才會經常出現許多新奇的創意與靈感。

也許行動結束後才發現這個想法原來並不實際，那又何妨？只要實踐過了就不會再有遺憾。試想，人生希望的不正是如此？只要走到終點時沒有留下任何遺憾，我們的人生就是踏實的。

你必須學習的經驗

日常生活中，每個人都有忽然閃現靈感的經驗，其中有些人會立即採取行動，找出可行的成功方向，並且積極地朝著目標前進。

就像美國有對年輕夫婦，在使用市售的奶瓶餵寶寶時發現，市面上的奶瓶都太大了，八個月以下的嬰孩根本無法自己托住奶瓶喝奶。

這天，年輕媽媽忍不住向家人們抱怨：「你們看，這些奶瓶實在太大了，餵食寶寶實在很不方便。如果他們能在奶瓶兩邊附加一個瓶柄，那麼寶寶就能輕易地自己用手抓住瓶柄啦！」

這個構想很有創意，也值得一試，奶瓶工廠裡的一位員工一聽這個說法便決定：「我們來試驗看看吧！」

於是，研究部門開始研發「瓶柄」，設法將圓柱形的奶瓶頸部改製成圓圈狀，慢慢拉長後，正巧可以空出一個可以放置奶瓶的圈圈，而左右兩邊的小柄正巧可以讓寶寶們的小手牢牢抓住。

這個小小的設計一推出市場後，立即引起消費者的目光，結果一個月內便賣出了五萬個奶瓶柄桿，年終時還結算出一百五十萬美元的盈餘呢！

有錢人的想法
和你不一樣

對於年輕媽媽的構想，大概沒多少人會發現其中暗藏「商機」，只知道跟著年輕媽媽一起埋怨吧？

簡短的小故事寓意深厚，不只告訴我們正視乍現的靈感，更鼓勵我們凡事都要有積極的行動力。因爲一個迅速出現的靈感，或轉瞬間便會被遺忘的想法，都藏著無限的發展空間。

除了珍視生活中的每一個靈感，我們還要培養積極的行動力。就像故事中的奶瓶工廠員工一般，發現有建設性的想法，積極付諸行動。如此一來，才不致於讓每一個構想流於空想。

面對這麼多生活中的創意，要好好地把握，因爲這些都是我們累積生活經驗之後，構想出來的。若是這些靈感能夠實踐，必然成果豐碩。

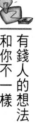

「全面服務」是未來的市場趨勢

想搶得消費者的心，「服務項目是否完善」是經營者成功的重要關鍵。有好的服務，業務拓展便有如大樹一般不斷地開枝散葉。

在這個事事講求迅速確實的現代化社會中，因應社會的發展，人們對於各種服務的需求也越來越多樣化。於是，消費者越來越要求商家能否提供更便利的服務，以及店家的服務是否周全完善。

其實，從自己的角度想想，有誰不希望對方能給予自己完善的服務呢？只要隨時從「人同此心」的角度切入，投入市場之前，多把自己擺放在消費者的角度思考，想想自己希望別人提供什麼樣的服務，便能輕輕鬆鬆地滿足胃口越來越大的消費者。

你必須學習的經驗

有商家爲了消費者便利，推出一系列的套裝服務，頗受顧客們的歡迎。例如，慶祝生日也可以享有專屬服務。無論是在小城市裡或是社區中，每天幾乎都會有人過生日，爲了歡度生日宴會，舉凡室內裝飾和親朋好友的生日禮物，以及用於生日宴會上的東西，這一切準備工作都十分繁瑣，而且各種開銷加起來也頗爲可觀。

這時，便有精明的商人抓住這個市場，開設了生日餐廳及生日商店。他們爲慶祝生日的人提供一系列的服務，舉凡生日宴會、生日派對，或是生日會錄影等服務都包括在內，其他像是生日禮物、卡片或生日蛋糕也一應俱全，只要想在生日宴會上看見的的東西，店家都會全力準備好，於是準備慶生時，只要到生日商店走一趟，便能把所有的生日物品都準備齊全了。

和生日商店的服務模式類似，近年來的結婚服務也十分仔細。

美國有家專門爲新婚夫妻服務的婚禮公司，服務可說是無微不至，結婚禮服和拍婚紗照是必備的項目，其他像喜帖的製作與發送，或是禮品與謝卡的準備，也全權負責到底。此外，最令人煩惱的宴客場所及儀式，他們也會設計規劃好後，交由新婚夫妻們比較與選擇。

更令人驚奇的是，這間公司還會送給新婚夫妻一件十分具有紀念價値的禮物——一套印有夫妻結婚照的餐盤和刀叉。此外，度蜜月時，公司還會根據他們開列的清單，將所需的生活用品送到新房，甚至妻子懷孕後，公司還會派人送上懷孕知識的小冊子，以及其他貼心的禮物。而如此貼心又周全的服務，自然就吸引大批顧客上門了。

有錢人的想法和你不一樣

看見如此周到的服務，想必你也十分心動吧！

這樣的經營模式不僅能建立出口碑，更能吸引忙碌的現代人，畢竟這些麻煩瑣碎的事，很容易讓人從原本興高采烈的心情中掉入煩躁的情緒裡，如今有商家可以提供如此周全的服務，當然能減輕不少麻煩。

如今，安排生日宴會的商家處處可見，婚紗業者與相關行業結盟的情況也越來越多，這一切都是爲了迎合消費者的需求而產生的。因此，想搶得消費者的心，「服務項目是否完善」將是經營者成功的重要關鍵。

業者的服務項目必須面面俱到，現代人要求的「售後服務」才是成功的要訣，像美國婚紗業者贈送的育嬰手冊，便是建立口碑的商戰策略。少了這個貼心的小動作，自然少了後續交流的機會，當然也少了拓展業務的可能性了。

試想，經由這一對新婚夫婦的推薦，他們能從中開拓出多少機會？

有好的服務，業務拓展便有如大樹一般不斷地開枝散葉，顧客也當然會源源不絕地湧入。一旦口碑建立了，再經由親朋好友的推薦，任何事業都能創下卓越的成績。

擁有專業形象才能得到顧客的信任

敵人越多，公司的處境會變得越加艱困。尋找合作伙伴，借重他人之長補自己的不足，是大多數成功者最常提出的經營策略。

最好的經營策略是「專業分工」，因為發揮不同公司的專長或不同個人的才華，才能讓每一份才能都展現到極致。

換個角度想，以相同的資金分散投資在不同的生產環結上，相較於全心投入單一生產步驟中，我們根本不必試驗便能知道其中的優劣。

分工合作當然能提高產品的品質，當品質與口碑建立起來後，產品的價值當然更勝以往。

你必須學習的經驗

日本有一間專門製造婦女專用針織品的公司，不久前締造出十分驚人的業績。有別於同行服飾業，這間公司修正了他們的經營方針。如今他們只從事有關行銷企劃與產品設計的部份，至於其他關於成衣的製造與販售任務則分別交由成衣製作廠與特定的服飾店。仔細分工之後，他們因爲專業印象而帶動的成績果然令人耳目一新。

曾經有位銷售分析的學者好奇地請教董事長：「請問您是怎樣讓公司有如此好的成績？其中是否有什麼訣竅？」

董事長謙虛地說：「其實，我也不知道爲何有此轉變，這一切全是在無意間發展出來的。我們原來就沒有製造工廠了，因此在整合所有的資源之後，只管籌劃和設計，製造與經銷全交給別人。」

「所以你們當初不知道修正之後，能締造如此佳績嗎？」學者繼續追問。

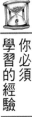

董事長搖了搖頭說：「我們眞的沒想到產品一推出後，便能得到如此好成績。當初作品完成時，我們還很擔心產品會賣不好呢！沒想到結果會是搶購一空。遇到如此供不應求的情況，我們的確有些吃驚。」

聽完董事長一番客氣話後，這位分析專家最後在研究報告上寫下：「這間公司的成功之處，其實不在委託產銷的方式，其重點在於『買斷市場』的策略。他們不讓商品大量進駐各大百貨公司，而是以專賣店和旗艦店的方式經銷，這讓他們商品具備了稀少的價值，因爲只有在特定的地點才買得到，這也讓消費者對該產品有著獨特性的印象。再加上卓越的品質與設計，更讓他們輕易佔據了消費者的心。」

有錢人的想法和你不一樣

在專業與專賣店獨售的經營方式下，針織品公司順利地打開女性服飾市場。雖然董事長謙虛地說是「不經意的成功結果」，不過他的成功絕非偶然，我們可以從故事裡發現蛛絲馬跡。

首先是修正經營方式，改以專業分工的方式生產。生產線上每人清清楚楚地分工，各依所長並協力合作，讓他們迅速地邁出成功的第一步。

我們都知道一個人的能力有限，其實企業經營何嘗不會出現相同的問題？獨自前進的腳步大都孤獨無援，且敵人越多，公司的處境會變得越加艱困。因此尋找合作伙伴，借重他人之長以補自己的不足，是大多數成功者最常提出的經營策略。

專業分工之後，行銷策略則是公司經營的第二要點，因爲行銷方式的好壞將直接影響產品的業績。故事中的老闆透過單一販售的管道，塑造出品牌的獨性與商品的稀有特性，直接挑動了消費者的好奇心與佔有慾。在看似無意實則有心的行銷運作下，當然能創造出非比尋常的好成績。

成功者都走在市場變動之前

一發現市場趨勢出現了變動，經營者便要積極調整腳步，不然一旦錯失了第一時間，市場便會被其他積極前進的公司佔有。

凡事都有徵兆，其中也包括市場口味的變動。

有些被譽爲高瞻遠矚的賺錢專家，其實並沒有特異的預測能力，他們不過是比其他人更具觀察力，更懂得自我反省而已。

最重要的是，他們會不斷修正手中的計劃，遇到困難與挫折時，他們更會仔細地觀察社會的變動，積極地反省自己的錯誤，力求改善，然後再努力地挽回屬於他的勝利寶座。

你必須學習的經驗

一九七六年，羅蘭德香煙公司在美國的香煙市場上，銷量名次落到了倒數第二位。拿到了這樣的壞成績，羅蘭德老闆當然很不甘心。

為了扭轉局勢，這天開主管會議時，老闆要求會計部門先將公司的資金、生產量與技術設備等資產整理出來，然後再和大家一起找出問題、謀求對策。

看完報告，仔細評估了公司狀況後，最後得出的結論：「我們的確無法跟大公司相比啊！」可是不能與大公司相比，那羅蘭德香煙的未來要往哪裡去？

思索了近一個月，這天羅蘭德老闆忽然對經理說：「我發現香煙產品正朝著低焦油含量發展。」

於是，他立即召來研發部門的人，齊心協力地構思出新型的香煙產品。該產品的焦油含量大約只有八毫克，一上市後果然大受歡迎，羅蘭德香煙的業績很快地便從倒數第二名，躍為前面數來的第一名！

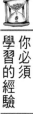

這個全勝的商戰策略令專家們跌破眼鏡。因爲許多人都以爲他們的改變對市場不會有太大的影響，沒想到消費者對於新產品的接受度這麼高，支持度會攀升得如此快。

其實，他們就像可口可樂當初推出新的配方一樣。在大多數人還在小心翼翼地評估與調查時，聰明的老闆早已獨佔了機會與市場。

有錢人的想法和你不一樣

商場上原本就是優勝劣汰。因此無論是羅蘭德香煙還是可口可樂，他們想在市場上佔據優勢，當然得先找出市場的發展情勢，然後再積極修正自己的腳步，才能在展開競爭後大獲全勝。

在《孫子兵法．謀攻篇》中有句話說：「夫用兵之法，全國為上，破國次之；全軍為上，破軍次之；全旅為上，破旅次之；全卒為上，破卒次之；全伍為上，破伍次之。」

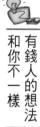

這個道理同樣適用於商場，想在商場上贏得勝利的人，必須能有效地抑制競爭對手的實力，不讓對手輕易攻下自己的市場，如此才能保住原有的市場佔有率，不致發生意外，全軍覆沒。

換句話說，只要一發現市場趨勢出現了變動，經營者便要積極調整腳步，不能有絲毫猶疑或停頓，不然一旦錯失了第一時間，市場便會被其他積極前進的公司佔有，自己也將因此一直落於人後。

誠如故事中所分享的，最好的迎戰方法是讓顧客們對特定公司的產品產生偏好。就像可口可樂配方的改良，也像羅蘭德香煙公司研發低焦油含量的產品一般，懂得因應市場口味的變動，不斷地研發新的產品，搶先佔據市場大餅，如此才能守住消費者的心。

多元發展你手中的每一個機會

商場上不怕沒有發展機會，只怕不用心挖掘思考，不肯下功夫創造機會。只要想出新點子，那便代表你將能跟著各種機會改變。

成功與失敗的差距其實一點都不遠，關鍵就在於是否養成「隨處都要賺錢」的習慣。養成這個習慣，會讓人的商業嗅覺變得相當敏銳，不論出現什麼風潮，都能轉化爲賺錢的契機。

倘若不用腦袋去思索如何獲取金錢，到頭來必將一無所有。想要致富，從現在起，不斷開發你的大腦，鍛鍊自己的思考模式吧！

對於手中正在積極進行的目標，絕不能墨守成規，因爲那會讓未來的發展變得故步自封，還讓自己的行動越來越缺乏活力。

想致富，就要讓手中的商機多元發展、靈活變化，積極地跟著市場的脈動走，仔細了解消費者口味的變動。然後，才能在市場上長久佔有一席之地，更能不斷地創造新的機會。

你必須學習的經驗

當年中國電影〈少林寺〉在美國放映後，掀起了西方人對中國功夫的狂熱，劇中少林和尚們的身價更是跟著水漲船高，而且不僅少林寺和尚出國表演的機會大增，連他們身上穿的衣物、布鞋和化緣包等也成爲流行時尚的指標。

跟著電影的熱潮，一向精於觀察與掌握市場需求的商人當然沒有忽略這個好機會，其中便有一位美國商人創造出一雙「少林功夫鞋」。

在各地流行的功夫健身館裡，早已經有人佔據的功夫裝市場，不過，這時商人打出了少林式運動鞋，外形當然與少林和尚們所穿的鞋子十分相似。這項新產品很迅速地打入消費市場，當運動鞋從上海運抵美國後，一些迷哥迷姐們甚至飛奔到卸貨港口等著搶購呢！

因爲透析消費者的模仿慾，「功夫鞋」在電影的宣傳帶動下，這名商人很順利地搭上了致富的列車。

究其原因，人們在情緒寄託的作用下，對於電影所塑造出來的代表形象會產生自我認同感，所以爲了實現心中的英雄夢或是自我認同的肯定，人們開始追逐「主角」的一切，包括蒐羅代表人物及相關的產品「功夫鞋」。

有錢人的想法和你不一樣

透過電影傳播，形象塑造的威力果然非比尋常。在娛樂文化商品化後，原本用來舒緩生活的各式休閒活動，如今也成爲兵家必爭之地。休閒文化衍生出來的商機，較日常生活必需品更爲龐大。

了解影迷的心理，我們便能從中尋找出商機。在「少林功夫」的電影帶動下，鞋商看見了人們的模仿慾望，因而啓發他塑造「少林功夫鞋」的創意，這些都是在透析人們心理後所拓展出來的市場。

其實，商場上不怕沒有發展機會，只怕不用心挖掘思考，不肯下功夫創造機會。一如形象深植人心的「少林武僧」，鞋商從中看見了「功夫鞋」的商機，在其他領域，或許有人從少林飲食文化中聯想出「少林餐」，又或者有人因此而發展出武術健身等等的商機。

除此之外，你還能想到哪些呢？

只要你能想出其他新點子，那便代表著未來的你將能跟著各種機會改變，並順利踏上成功的康莊大道。

讓競爭的火花成為照亮彼此的希望之光

在以實力累積而非以年資決勝的年代裡，如果老企業再不繼續提升自己的能力，隨時都會成為消失在沙灘上的「前浪」。

與人爲敵是件辛苦的事。很多時候彼此爲了搶佔市場，纏鬥得兩敗俱傷；有時候爲了攻擊對手，還有人失去自己堅守的原則，試想，這樣惡性競爭的情況對我們有何助益？

只有在良性的競爭態度和氣氛下，才有助於自己累積實力；只有在「你強我更強」的競賽中，才能創造出彼此「雙贏」的局面。

你必須學習的經驗

日本精工錶公司與卡西歐公司曾經在市場上有過一段廝殺，不過這場競賽最終的勝利者未定，因爲在良性的競爭過程中，他們與消費者皆是勝利者。經營者在競爭過程中分別提高了自家的技術，而消費者則因爲他們的競爭獲得了功能更佳的產品。

當年，精工錶公司發現瑞士人研製出石英電子錶後，便預測到由於物美價廉，這款電子錶未來肯定會大受歡迎。於是，他們也跟著投入仿造瑞士石英錶的行列。由於研發團隊學有專精，精工錶不僅推出了更加精美的電子錶，也比卡西歐更早一步將產品打入市場。

搶先一步上市，市場佔有率當然比卡西歐大。卡西歐雖然也研發出石英錶，卻因爲晚一步投入市場，因而在這一輪戰役中敗陣。

不過，卡西歐公司並沒有因此氣餒，經過內部分析討論之後，老闆認爲：「跟著精工錶之後並非明智之舉，我們還是另謀出路吧！」

於是，卡西歐企劃人員重新修正了腳步，一方面冷處理被佔據的市場，還放出風聲說：「我們準備研發另一款全新的電子錶。」

但事實上，他們仍然暗中以原來的電子錶爲主體，以技術研發作爲他們突破的關鍵。經過反覆的實驗，總算開發出精準度更高且造價更低的石英電子錶。面對卡西歐突然推出的同一款電子錶，精工錶公司十分驚訝。當他們發現卡西歐居然暗中研發出品質更佳的電子錶後，這一次換他們俯首稱臣了。

此後，卡西歐公司又以石英震盪器爲中心，研發了一系列新的電子產品，除電子手錶之外，還大量生產錄音機、文字處理機、計時器和電視機等等，公司的生產效益越來越高；至於精工錶公司則從對手身上學習到「精益求精」的精神，慢慢地與卡西歐公司並駕齊驅，各自佔據這塊市場。

有錢人的想法和你不一樣

在這個競爭激烈的市場上，樹敵容易，但想與人合作困難。大多數企業在競賽中，都急著擊倒敵人以佔據更大的市場，往往忽略要提升自己的實力。

我們都知道現今後輩精銳不斷冒出頭的情況，他們青出於藍而勝於藍，實力常讓停在原地的前輩們自嘆不如。在以實力累積而非以年資決勝的年代裡，如果老企業再不繼續提升自己的能力，不跟著時代的需要塡補自己的不足，隨時都會成爲消失在沙灘上的「前浪」。

所以，卡西歐與精工錶公司在故事中提醒我們：「只要修補好你的缺陷，屬於你的商機自然會出現。面對敵手時，我們應該專注的重點不是怎樣擊倒他們或是如何趁虛而入，而是要從他們的身上找出自己所缺乏的，從中學習，反省改進，修正自己的不足。」

或許，機會的出現也許只是偶然，但是市場上的機會一直是流動的，人人都能擁有。只要抱著君子風度以實力公平競爭，誰能成功抓住了市場的需求，機會之神自然降臨。

用創意促成商品和消費者之間的戀情

情感訴求已成為創意人行銷產品的利器，能否巧妙地拉近商品意象與消費者心靈間的距離，將是產品行銷成敗的關鍵。

想想戀愛中的男女，想想思鄉情切的遊子，想想思念兒女的父母，從這幾個充滿想念氣氛的的角色裡，你看見了什麼樣的商機？

有人說：「想把東西賣出去，就一定要懂得和消費者搏感情。」

這份感情不只是要求銷售員感性的推銷態度，還包含了品牌行銷時，創意人所構思出來富含情感的品牌形象。

你必須學習的經驗

無錫的太湖針織廠是在一九八二年創立。該工廠是以專門生產「紅豆牌」內衣而聞名，不過，聞名的原因並不在於產品本身，而是因爲他們所構思出來的品牌名稱——「紅豆」令人過目不忘。

當初在討論品牌名稱時，行銷部門的主管構思良久。爲了想出一個能讓人印象深刻的名稱，廠內全體員工翻遍了各類書籍，後來有人讀到王維的詩句〈紅豆詞〉時才決定了品牌形象，也決定了這個品牌名稱。〈紅豆詞〉的詩文爲：「紅豆生南國，春來發幾枝，願君多採擷，此物最相思。」

「紅豆」這兩個字因而深入行銷人員的心，他在企劃書上寫著：「紅豆衣，藉著詩句的印象，將詩句中的情感融入產品中，可以讓物件產生無形的價值。」在大多數成衣廠以「功能性」爲宣傳賣點時，唯獨太湖針織廠推出了「情感分享」的口號，採用「用紅豆內衣來表達心中愛意」，以及「紅豆滿天下，濃情無價」兩篇宣傳文案。

這樣的主題果然令人心動，在宣傳的催化下，老人家們把「紅豆牌」衣物視爲養老吉祥物；年輕情侶爲了表現感情濃烈，紛紛穿上「紅豆情侶裝」，海外遊子則以「紅豆衣」作爲寄託思鄉情的物品。

更有日本廠商在仔細了解「紅豆」內涵的文化價值後，自動提高了百分之二十的售價來訂貨。太湖針織廠也因爲「紅豆」之名打下了市場，在同行中，他們的業績至今仍然無人能敵。

有錢人的想法和你不一樣

能觸碰消費者的心，當然能掌握顧客們的消費意向，所以主打「相思紅豆」的太湖針織品才能輕易地征服消費者的心。沒有誇張的宣傳技巧，只有充滿情感的文宣，借用紅豆詩句裡的相思情懷來加深消費者對品牌的印象，牽動顧客們借物寄情的消費意願。

從中我們也學習到創意聯想的訣竅，借物寄情或透過物品象徵意涵來表現品牌的特色，確實能加深消費者對產品的印象。於是，在發揮創意時，行銷人員要能聰明地運用生活周遭的人事物，讓它們成爲行銷產品的助力。

就像紅豆牌成了遙寄鄉情的代表物後，人們對於品牌的依賴度與接受度超越了日常生活的需求量。一個可以表現感情的產品，不僅兼具了個人生活用品的實用性，還能作爲表現誠意的禮品。這些都是讓「紅豆」品牌能在消費者的心中佔有一席之地的原因。

「情感」是人類有別於萬物的關鍵。因此，即使是商業性行銷或是商品概念的發展也都不能忽略這個重點。只要經營者能觸碰到消費者感性的一面，拓展事業將更加輕鬆容易。

情感訴求已成爲創意人行銷產品的利器，能否巧妙地拉近商品意象與消費者心靈間的距離，將是產品行銷成敗的關鍵。

用功收集資料才能掌握市場的變動

深入了解市場及客戶的需求，聽取客戶們的意見，再廣泛地搜集商業情報與市場行情，自然能生產出最讓消費者滿意的商品。

「想成功，就必須努力付出。」這是千古不變的定律。

這句勵志的話語其旨意十分明白，我們唯有付出努力、奮鬥不懈，才能不被市場潮流所淘汰。

你必須學習的經驗

有一間生產醫學分析儀器的工廠爲了確定新產品的發展方向，採取了各種行銷策略，最後決定廣泛地搜集市場情報作爲研發的根據。

一九八〇年，他們藉著爲用戶服務的機會，派出一千四百七十人到十九個省市，聆聽用戶們使用產品後的意見。

該公司以技術人員主動登門服務爲由，間接收集到市場對相關技術的需求情報，讓新技術能直接滿足市場的迫切需要，此一結合十分親近消費者的心。因爲即時反應的成效十分良好，加上親訪的貼心服務，因此獲得用戶們一致的肯定。透過實地的拜訪與反應問題，他們不僅對產品的發展有更詳細的了解，從中他們還進一步理解用戶們的需要與不滿之處。這些都是讓他們充分掌握市場變動的最佳資訊。

此外，研發部門與市調部門的配合，更有利於公司內部的合作與修正。從市場分析小組的回報中，他們更加清楚市場的走向，也更加確定未來產品的研發方向。近年來，他們爲了因應經濟變化與市場需要，每年有近二千五百套儀器的生產量。此外，他們每年都會設計六項新的型號，並迅速投入量產的行列，這些都充份地展現出企業的經營活力和競爭實力。

有錢人的想法和你不一樣

製造商若不能緊跟著未來趨勢的腳步，與市場的變化同步發展，勢必會被市場淘汰。所以現代經營者大多會要求研發部門多收集市場消息，隨時掌握市場脈動。不過，要怎樣才能緊跟著市場呢？

一如故事中分析儀器工廠的經營策略，深入了解市場及客戶的需求，聽取客戶們的意見和建議，再廣泛地搜集商業情報與市場行情。若能如此，自然能生產出最讓消費者滿意的商品。

經營者從一開始就要專注於消費者的需求。也許心中早有定見，但無論原來的構想如何完善，開始行動的一刻，仍然要結合最新收集到的資訊，邊動邊修、邊走邊調整方向，如此一來，結果將會比原來預想的還要順利成功。

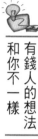

9

小戲法也能變出大商機

想要成功致富不是一味往前衝就能達到目標，過程中還要能不斷地調整步伐，確認前進的方向，才能真正坐穩龍頭寶座。

小戲法也能變出大商機

想要成功致富不是一味往前衝就能達到目標，過程中還要能不斷地調整步伐，確認前進的方向，才能真正坐穩龍頭寶座。

動一動腦眞的好處多多。懶得思考的人很難找出突破困境的方法，無法搶先發現契機，即使過去風光一時，如今也只能低著頭背負著已經褪色的光環。

因此，對聰明的商人來說，「細心觀察，用心思考」是尋找商機的不二法門。隨時提醒自己多動動腦，常思考不僅可以避免腦袋老化生鏽，更不會遺漏了盼望許久的契機。

你必須學習的經驗

羅賓是美國著名的糖果商，擁有一家糖果小工廠和幾家販售的小商店。不過，商店多不代表成績好，事實上，羅賓的糖果生意並不理想，因爲當地製糖業者衆多，想在各大廠的競爭中出頭，實在很不容易。

羅賓每次都使出渾身解數來推銷產品，可是成效不佳，銷量成績越來越差。羅賓天天都在想：「怎樣才能吸引孩子們來買我的糖果呢？」

有一天，羅賓在路口看到一群孩子們在玩遊戲，立即被這一幕吸引住了。只見孩子們把糖果平均分配在幾個小袋子裡，然後再把所有袋子交給其中一個人，這個人會背對著其他孩子，將手中最大的一顆糖果放進其中一個袋子裡，再讓孩子們自己挑選一個袋子。

總之，最後會有個人幸運選中裝有大糖果的袋子，只要拿到這顆「幸運糖」的人，便能成爲之後遊戲的領導者，其他人還要提供一顆糖果給他。

看得出神的羅賓忽然跳了起來，因爲他想到一個絕妙的計劃了。

聰明的羅賓將孩子們隨機抽樣的方式應用到糖果包裝上。他開始在某些糖果裡附贈了一分錢，孩子們只要買到附有一分錢的糖果，那包顆糖果等於是免費贈送的了。爲了吸引更多孩子們注意，他還在各大報紙與電台上努力宣傳：「打開，它就是你的了！」

這一招果然奏效，原本糖果名叫甜蜜糖，如今改名爲「幸運糖」，羅賓除了大量生產之外，還將包裝重新設計，迎合小朋友的喜好。

由於方法新奇特別，「幸運糖」很快就聞名全國，銷售量更是一飛沖天。當同行也跟進模仿時，羅賓早想出了對策，他有時改成贈品，有時安排抽獎活動，因此無論市場怎麼變化，羅賓糖果始終是同行之首！

有錢人的想法和你不一樣

小朋友的好奇心是最容易挑動的一群，他們的慾望單純且容易滿足，兒童商品向來是商人們最想投入的市場。

故事中的羅賓即使面臨挫折也沒有放棄，反而更積極地想出能吸引孩子們的行銷手法。從這個例子反思，我們看見羅賓從孩子們的遊戲中得到了啓發，從他不斷修正、變化的經營手法中，我們也見到一個經營者不斷變通、進步的經營態度，這些正是值得現代創業青年學習的經營之法。

一個小花招給予消費者一點小滿足，羅賓和孩子一同玩心理遊戲，透過「幸運糖」，孩子們貪玩且好奇的心從附加的幸運獎中得到滿足。

當然，想賺孩子們的錢必須花更多心思，不斷變化花招。雖說他們的需求單純且容易滿足，然而小孩子好奇多變的心理確實難料，一旦他們玩膩了，該項產品便得面臨淘汰的命運。

想要成功致富不是一味往前衝就能達到目標，過程中還要能不斷地調整步伐，確認前進的方向，就像羅賓一般，每過一陣子便想出有趣的創新花招，如此才能真正坐穩龍頭寶座。

把所有心思放在顧客們身上

經營者的良心很重要。面對消費者時，在想盡方法誘使他們掏錢之前，自己要先能拿出值得購買的好產品。

美國行銷顧問西維亞．羅斯曾說：「一個成功的推銷員，通常推銷的並不是產品的本身，而是產品的附加價值。」

所謂的附加價值就是站在消費者的立場看問題。

在這個人人希望自己買到的東西都能物超所值的年代，如果你懂得經營產品的附加價值，就能擄獲消費者的心。

現今消費糾紛層出不窮，問題便出在許多經營者只關注在錢上，很少關心消費者的權益與眞正需要。

商家與消費者的關係並不是只有金錢的往來，其中最重要的部份是在人與人之間的情感交流，因此錢是其次，消費者的感受才是商家應關注的重點，若不能多爲消費者的權益與健康著想，自然最後得步上失敗之途。

你必須學習的經驗

美國乳品大王斯圖．倫納德是世界上最大的乳品販售商。由於乳製品的時效有限，倫納德採購貨品時從不透過中盤商，而是自行前往產地，直接配送貨品到店面，貨品一到便立即上架。

正因爲進貨流程迅速且一貫，各類乳品自然很新鮮，這也讓貨物一上架便能立刻賣出。補貨迅速使資金周轉更加快速，每週都爲他們帶來十萬以上的人潮，至於店裡販售的麵包與鮮奶冰淇淋等商品，年銷售額更高達一億美元。

有人問他：「你怎麼保證產品一上架就能立即賣光呢？」

倫納德笑著說：「因爲我創造出一個能刺激顧客購買慾望的消費環境——一

套『四部曲』銷售法。」

第一步是別出心裁地在超市門口放了一頭活的乳牛，倫納德每天都將乳牛打扮得漂漂亮亮，讓牠可以愉快地向顧客們搖頭擺尾，親切地向大家表示歡迎。這頭乳牛最大的作用是：讓每一位顧客從牠身上自然聯想到「新鮮」的牛乳製品，進而相信商店裡每一樣產品的新鮮度。

再來第二步是當顧客們一走進市場大門，便會看見一頭站立在前廳的假牛，牛隻的旁邊站著一位會哼唱民謠的機器牛仔。

佈置這樣一個情境正是要讓顧客們彷彿置身在草原的牧牛場上，讓他們對店裡的每一樣乳製品產生強烈興趣，進而感受到選購這裡的產品帶回家享用，會是一件非常幸福快樂的事。

第三步是走進賣場後會看見兩隻活潑可愛的機器狗，它們每隔六分鐘便唱一首「什麼產品眞好吃」的歌曲，吸引顧客們的眼光，讓顧客們排徊在展示架的產品旁，最後決定選擇購買。

每一步都有不同的感受，購買欲當然會被激發出來。如果再不行，第四步是

「現場製作」的功夫，撲鼻而來的烤麵包香味與鮮奶的香氣，肯定令人食指大動。在這樣的環境中，連一個單純想逛逛的人也都會被挑起了購買慾，把鈔票大把大把塞入商家的荷包裡。

有錢人的想法和你不一樣

從進門的活乳牛到會歌唱的機器牛仔，充滿歡樂氣氛的購物環境，當然會吸引到人，再加上經營者對「新鮮」的用心與堅持，消費者當然看得見，也知道什麼才是最佳選擇。購物環境氣氛佳，又看得見產品的新鮮度，因此每週高達十萬人次的消費人潮，一點也不誇張。

倫納德親力親爲、費盡心思地構想花招，我們不難看出成功者背後的付出。無論是情境的佈置或促銷活動的構思，每一個環節都不馬虎，他如此付出，當然會有貨品上架保證立即售出的自信。

剛出爐的麵包，可以現場試吃的鮮奶冰淇淋，在在顯示出倫納德對「新鮮」

二字的要求，這正是讓人們喜愛到此消費的主因，因爲消費者對產品充滿安全感與信任感。

仔細分析其中秘訣，我們不難看出倫納德的成功技巧：「經營者的良心很重要。面對消費者，在想盡方法誘使他們掏錢之前，自己要先能拿出值得購買的好產品，還要能給他們值得信任的購物環境。如此不僅能讓企業永續經營，更能徹徹底底地擄獲消費者的心。」

用心爲顧客的認眞與堅持加上誠心分享快樂的經營態度，相信沒有人不想走進這樣的環境中消費。正準備投入創業行列的人，請認眞消化倫納德的經驗，相信不久之後，必能看見另一位成功者誕生。

面面俱到，就能有效行銷

在選定行銷主題時，不僅要清晰易懂，更要能周全地關照每一個人的心思與需求，財源自然能滾滾而來。

有人說，經商之道就像漁夫捕漁，能大小通吃就是高手。

不過，成爲高手前，我們先要懂得「用小魚釣大魚」的技巧。因爲，在海底世界裡，大魚吃小魚的關係是自然的法則，換句話說，只要能吸引小魚先入網，自然能引得大魚進網，也能從中找出成功的經商法則。

你必須學習的經驗

有個名叫魏金富的成功商人，發跡之前曾做過推銷員、司機和店員，熟悉他的人都認爲他的成就頂多只有這樣而已，沒想到後來一次偶然的機會，竟讓他步上了致富之道。

某天，他經過一家金魚店時，聽見一對母女的對話，小女孩央求母親說：「媽媽，我要買金魚！」

但是，母親搖頭說：「不行，妳都快抱不動手上的玩具了，還想花錢買魚？不行，金魚很貴的。」

但是一心想得到金魚的小女孩卻怎麼也不肯離開，最後母親生氣地作勢要走了，小女孩才哭哭啼啼地跟上。

在另一個角落裡，魏金富卻因這幕有了領悟和構想：「孩子手中的玩具那麼多了，卻仍然吵著要金魚，說明了小孩子根本不知道玩具和金魚的價値，他們只知道金魚漂亮可愛。也就是說，孩子們的消費觀念其實沒有定性，今天想要這個，明天便要那個，如果我可以抓住這個不穩定性，應當可以從孩子們的身上大賺一筆。」

剛從事行銷的魏金富想到這點時，便開始計劃：「也許可以用免費贈送金魚的噱頭來推銷更貴的商品，用金魚作贈品來推銷食品、服裝、書籍等等，也可以拿來作爲遊戲勝利者的獎品！」

於是，他向朋友借了一些錢，以極低的價格買進許多玩具和食品，接著，他到水族館買了近二千隻小金魚，旋即展開全新的事業。他到各地擺攤販售日用品，顧客只要消費便贈送金魚。

魏金富的小攤販遍布整個城市，只要孩子多的地方就一定會看見他的小攤子，他也大量張貼廣告海報，攤位前的人潮，許多是被海報吸引而來的孩子，他們全拉著父母親到這個附有「免費金魚」的攤位買東西。

隨著海報越貼越廣，越來越多孩子拉著父母親的手前來，魏金富的小攤子也越擺越多，財富自然也越滾越多了！

逆向思考「母雞帶小雞」的道理，魏金富從一對母女的對話中發現了商機，想出了讓母雞跟著小雞的方向前來，先刺激孩子們的擁有慾，進而使得父母爲了滿足子女的慾望而消費。

聰明的商人以小贈品來增加不同消費族群駐足的機會，主商品鎖定大人的需求，附贈品則鎖定在孩子們的好奇心上，一個小小的行銷技巧顧及了不同的年齡層，也增加了錢包的收入。

如何讓產品暢銷全看經營者的行銷創意。在選定行銷主題時，不僅要清晰易懂，更要能周全地關照每一個人的心思與需求，就像魏金富從那對母女得到的啓發：「只要能面面俱到地『兼顧』每個人的需要，照顧到各個不同消費族群的慾望，財源自然能滾滾而來。」

用反面的廣告為自己行銷

帶點自我嘲諷的廣告方式，反而更讓人感到體貼，進而產生信任感。表面看似多餘的付出，到最後其實都能全數回收。

商機忽然不見了，企業的生機也隨之陷入窘困，面對突如其來的困境，經營者到底該如何因應呢？

方法很簡單，就是尋找新的契機，以及隨機應變的智慧！

機會不見了就動身去尋找。因爲無論消費市場如何改變，大環境的供需變動多麼大，市場上的機會始終都存在著。只要懂得隨機因應，不管市場需求怎麼改變，始終都逃不過優秀經營者的眼睛。

懂得爲自己創造財富的人，大多數也具備「養成賺錢習慣」這種特質，靠著這個習慣把自己看到的夢想逐一變爲現實。這樣的成功商人，即使置身惡劣的環境，也能靠著創意攫取自己想要的利益。

所謂的創意，其實就是不同形式的轉化能力。

你必須學習的經驗

我們都知道吸煙有害健康，走在街上也隨處可見拒煙的廣告，許多國家更明文規定在公衆場合中不能吸煙。再加上各國頒佈全面禁止香煙廣告的法令，世界各地的煙草公司可以說是遇到前所未有的阻礙。

不過，所謂「窮則變，變則通」，面對禁止吸煙的強力宣傳，英國有家腦筋動得很快的煙草公司，用一招「欲擒故縱」的行銷策略，結果大獲全勝，不僅成功推銷了自家的香煙，更迅速佔領了市場。

這家煙草公司專門生產一種名爲「阿巴杜拉」的土耳其式捲煙，爲了打開這款香煙的銷路，拓展市場，把腦筋動到了地鐵公司身上。他們向地鐵公司提出了贊助意願：「我們願意贊助貴公司所有的禁煙海報。」

站在地鐵公司的角度，有人願意免費提供海報當然很好，因此雙方很快就簽定了合約，新的禁煙海報迅速出爐，且廣泛地張貼在地鐵站及車上的各個角落。不過，到底誰才是受惠的人呢？

明眼人一看便知道這張海報暗藏玄機，原來在「禁止吸煙」的字樣下面，煙草公司巧妙地多加了一行小小的字，寫著：「連阿巴杜拉捲煙也不行！」

有錢人的想法和你不一樣

大多數人都會認爲這不過是張禁煙廣告，底下打出贊助廠商的名字很合理。不過，如果從行銷的角度來思考，便能看出端倪。

每天進出地鐵的人潮那麼多，那裡當然是兵家必爭之地，然而大多數廣告只能張貼在廣告箱或是特定的告示欄上，還得支付昂貴的費用，廣告成效卻又不一定高。反觀阿巴杜拉煙商，雖然印製海報的成本不少，但是相較於能夠四處張貼宣傳廣告的曝光機會，這一點支出便顯得微不足道了。

其他廠商原本必須支付的廣告費用，在阿巴杜拉煙商以贊助角色出現時，自然能節省這項支出。

此外，那句「連阿巴杜拉捲煙也不行」的廣告詞，其實暗藏宣傳意味。試想，身爲煙商竟然也提出禁煙訴求，這個帶點自我嘲諷的廣告方式，反而更讓人感到體貼，也讓人對阿巴杜拉捲煙有了親切感，進而產生信任感。

有形的效益加上無形的效益，精算過煙商與其他公司的廣告成本與宣傳效益後，就會發現受惠最多的原來是這個贊助煙商。表面看似多餘的付出，到最後其實都能全數回收。

「捨得」就是致富的法則

只要能讓消費者心理得到滿足，對商品產生信任感，顧客自然能源源不絕，因此看似多付出了，實則收穫更豐富。

想保證童叟無欺，當然得先表現出自己的誠意。以食品商人而言，「試吃」是他們最方便的表現方法。

其他廠商也該依經營者的能力與環境加以變通，只要依循一個宗旨：「凡事爲對方著想，便能表現出你的誠意。」

無論是哪一種表現方法，商家吃一點小虧換得客人的歡心與忠誠，一定值得！也許一時之間看不出利潤，但是耐心等到年度結算時，自能看見成果。

你必須學習的經驗

「試吃」是現代食品業最常運用的行銷手法，爲了促銷新產品或是吸引人潮，許多著名的食品公司都會以試吃來推銷，像聖瑪莉麵包店和卡莎米亞麵包店便經常運用試吃活動以招徠顧客。

近年來，麵包業的競爭日趨激烈。由於麵包經營成本低，因此有越來越多越人選擇麵包店作爲個人創業的開始。

然而，吃麵包的人口有限，因此無論推出多麼便宜或再多樣的產品，銷售始終不振，這種情況又以連鎖店起家的卡莎米亞麵包店最爲顯著。於是在關閉部份地區的分店後，他們也啓動了麵包試吃活動。

多了試吃剛出爐麵包的活動，熱騰騰的香味迎面撲來，果然吸引了不少人潮。特別是在傍晚下班下課時間，許多原本想忍住饑餓等到晚餐再大吃一頓的人，怎麼也禁不住麵包香的挑逗，試吃之後，幾乎全拎了一袋麵包回家。

聖瑪莉麵包店也是如此，自從試吃促銷活動開始後，生意越來越活絡。於是，只要師傅們研發出新的口味，便會搭配試吃與特價活動來刺激消費。

麵包店的經理曾分析說：「其實，人們很願意滿足口腹之慾，特別是新產品幾乎每個人都想試試看，但是他們又害怕買了之後會發現不如想像中美味，於是，大多數人寧願放棄購買。如今，我們多了試吃的機會，讓消費者先享用後再準確選擇他們喜歡的產品，這不僅讓顧客對產品有信心，也讓他們更樂於到我們店裡消費。」

有錢人的想法和你不一樣

街邊已有越來越多麵包店在門口放一個試吃平台，透過誘人的麵包香吸引人潮，也讓原本只是嘴饞的過客，試吃後因爲嘴裡的滿足滋味，忍不住進門消費了。你是不是也曾經如此呢？

有人說消費者「吃人嘴軟」，才連帶地買了產品，但無論如何，試吃已是食品公司行銷時必需的策略，一旦少了試吃，消費者的購買意願便會降低。

小小的試吃爲何產生這麼大的影響力？其中有著什麼樣的意涵呢？

原理很簡單，透過這個小動作，店家可以提升消費者的信任感，直接刺激了消費慾。就像店經理的分析說明，在好奇與嘴饞交互作用下，只要能讓消費者心理得到滿足，對商品產生信任感，顧客自然能源源不絕，因此看似多付出了，實則收穫更豐富。

我們從試吃的成果中思考會發現：成功致富的法則正是「捨得」。

只要願意多爲顧客們著想，消費者自然感受得到商家的誠意與用心，進而成爲忠實的老顧客。

每件事物都有千百種面貌

只要能把握住市場趨勢，善加分辨市場的需要，明確選擇自己最有把握的主題，自然能創造出非凡的成績。

相同的產品可以有多少變化，問一問消費者便知道。因爲他們對於鍾愛的產品，無論是什麼樣的形態或面貌，忠實顧客們都會四處收集，全數收藏。

無論市場潮流變化多快，眞正一直在變動的只是創意與行銷手法，流行主題的改變，其實根本不如想像中的大。

你必須學習的經驗

只要看準消費者的需求，適時地投其所好，任何生意肯定都能愈做愈旺，像華盛頓「間諜書店」的經營便是最好的證明。

早期世界各地局勢紛亂，美國等西方社會間諜活動盛行，這也讓民衆對於「間諜」的相關事蹟充滿好奇，因此不少讀者對這類書籍有著強烈的興趣，甚至還成立了研究間諜活動的組織。

當時，伊莉莎白女士也發現了這個流行風潮，於是在華盛頓市中心開設了一間以「間諜」名的書店。

該店所出售的書刊都是專門傳授間諜技巧的書，例如：「怎樣銷聲匿跡才不會被發現」，或是「如何收藏秘密的物品」，還有像是如何改名換姓、喬裝打扮、拷打敵人……等等。

其中，不乏披露美國中央情報局（CIA）和前蘇聯格別烏（KGB）內幕間諜行爲的書籍。總之，只要與間諜有關的書籍，這裡應有盡有，種類高達八百多種。

由於這間店的專業度極高，許多偏好這類圖書的讀者一想要找書，便會想到這間「間諜書店」。甚至許多人遠從東岸而來，就只爲了到這裡找一本間諜書。開店一年來，始終門庭若市，還有不少眞的間諜、反間諜或戰略分析家與外交家來這裡找資料。如此專業的經營，當然讓生意越來越旺。

令人意想不到的是，這間店從來都不做廣告，全靠口耳相傳，當然這一切都要歸功於書店老闆的專業眼光與堅持。

如今，老闆伊莉莎白總算決定擴大營業，書店增加出售關於間諜的影片，並代售一些印有CIA與KGB徽號的咖啡杯和T恤，這更加滿足間諜書迷的各種需要了。

有錢人的想法和你不一樣

現代各式主題商店紛紛出籠，像伊莉莎白的「間諜書店」一樣具有特色且專業的商家也越來越多。只要能把握住市場趨勢，善加分辨市場的需要，明確選擇自己最有把握的主題，自然能創造出非凡的成績。

許多主題商店只陳列單一的商品主題，然後廣泛地收集各種不同表現形態的產品，不僅能累積出自己的經營特色，還能建立專業的形象。

這說明了，無論經營者期待怎樣的成果，最重要的還是自己是否明白未來的發展方向。事實上，握在手上的機會不必多，一個就足夠了，畢竟大多數人一次只能做好一件事，一心二用經常換得一事無成。

因此，不用怕機會少，就怕我們連手中僅有的機會都錯過了。一如「間諜書店」的企劃概念：「單一主題或許看起來很單調，可是當認真投入之後，才發現事物的多元與多變。那就像米也能有米飯、清粥、米粿或麵條等各種品嚐方法，只要你用心尋找，專心一意地研究，相同的事物定能玩出千萬種戲法。」

別想太多，把握機會表現就對了

從表面看事情，當然只看得見犧牲與付出，也會為這筆支出感到心疼，然而真正的商機經常隱匿在不起眼的表象中。

想要成功致富，就必須培養敏銳的嗅覺和精準的判斷力，將自己的才能發揮到極致，如此才能在別人意想不到的地方獲得最大的利益。

人生的選擇題很多，一件事情考慮再多、再周密，最終還是得做出最終選擇，特別是面臨「捨棄」與「堅持」這兩種選擇時，更是令人難以決斷。這兩個選擇，不知道你最常挑選哪個？

經營企業也是如此，面臨抉擇時不妨這樣想：「無論做出什麼選擇，處於何種情況中，只要能把握良機，盡力付出，將來必定有收穫。」

你必須學習的經驗

一九八八年，原本實力雄厚的昆船公司，因爲盲目地開發了近二百項產品而面臨破產。後來，這些產品堆在倉庫裡，全數滯銷。

深陷困境的昆船公司忽然得到一個訊息：「國營煙草工廠將全面改良技術，即日起進行招標作業。」

昆船公司一聽到這個消息，迅速地完成了一份十多萬字的企劃報告，立即呈送給官方單位。

這樣積極的行動力果然讓他們擊敗眾多競爭者，不久便成功設計出先進的生產線。他們預估，未來昆船將有三十條生產線來支援生產，每年將生產近萬箱捲煙，收入近二十億元。

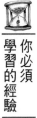

昆船公司積極創造利潤之時，也幫自己走出困境，而且創造無限生機。

在這機遇稍縱即逝的市場裡，若能像昆船公司般緊緊抓住每一個機會，必然不會輕易錯過任何機遇。

一九八五年時，中國國家女排代表隊飲用過健力寶運動飲料後，都十分喜愛這個飲料，於是，體委訓練局便向健力寶集團提出了幾項要求：「你們能不能長期免費提供飲料給乒乓、舉重、跳水等十二項的運動選手呢？」

剛剛投入生產的健力寶公司，全年銷售額還不到一百萬元，若免費供給國家代表隊選手，每年便得多支出二十四萬元人民幣，這筆支出若控制不當，公司隨時都會關門。

反覆思索了一夜，健力寶老闆決心接受國家體委訓練局的要求。

所幸這個犧牲的念頭並沒有讓健力寶眞的被犧牲，透過運動選手們的號召力，健力寶的知名度慢慢提升了。

宣傳效應轉化爲無限的經濟效益，健力寶集團開始與國內外客戶簽下大批訂單，所得的盈利當然大大超過每年贊助的二十四萬元。

我們常說的「小財不出，大財不進」，或許可以拿健力寶公司的抉擇來作佐證。儘管健力寶老闆一度猶豫，幸而在轉念間，他看見了「未來商機」。透過運動選手的加持，健力寶老闆總算嚐到「小財出，大財進」的成果。從表面看事情，普通的經營者當然只看得見犧牲與付出，也會爲這筆支出感到心疼，然而眞正的商機經常隱匿在不起眼的表象中。儘管得在商言商，不過「有捨方有得」的循環道理似乎更加適用於商場上。

我們常說做人要放寬心胸，經營者更應當如此。如果連蠅頭小利也錙銖必較，那麼最多只能得到微薄的小利潤，肯定會錯過大豐收的機會。

放寬心看待未來，眼前多付出一些又何妨？只怕沒機會表現實力而已，只要時間一到，自然會回收更多的成果。

具備服務精神，顧客才會上門

承擔責任的重點不在賠償，而是為了對自己負責，其中蘊含的關鍵是「態度」兩個字。

出衆的企業形象當然得靠日積月累，爲了贏得顧客的信賴，「服務態度」是每一位經營者要用心培養的。

專業的服務態度向來與責任心相互爲用，專業的服務人員從來都不會相互推諉責任，甚至會搶當負責的人，爭取每個良性互動、溝通的機會，以進一步贏取顧客們的信任與支持。

你必須學習的經驗

貝爾特拉莫酒店前，有一群旅客中的一位交給酒店櫃台人員一張信用卡，向服務人員說：「我要買一箱酒。」

這張信用卡是美國運通銀行的，但當天運通銀行的電話一直處於忙線中，酒店人員為了核對信用卡，花了近五分鐘的時間才將電話接通。服務生核對完後，立即將信用卡交還給顧客。

然後，他從一個老式的糖罐裡拿出一顆薄荷糖給顧客，一邊說：「對不起，耽誤您這麼長的時間，我們知道讓顧客久等是不可原諒的，以後我們會盡力不再讓這樣的情況發生。我們很重視您的權益與需要，希望您不受這件事的影響，能再光顧本店。」

這個店員的小動作贏得了這群顧客的永久信任，因為他們一出門後，全都微笑地回望了這間酒店一眼，其中一位還說：「以後我再也不去別家店消費了，我都要到這間『薄荷糖』酒店買東西！」

其他人一聽到「薄荷糖」這幾個字，忍不住微笑起來，並點頭表示同感。

運通銀行電話忙線的情況當然不是酒店服務生的錯，更不是他必須承擔的責任。然而，他沒有一味地撇清，反而肩負起這個責任，他沒有埋怨運通銀行，在誠懇的道歉聲中，我們也聽見了他專業的服務精神。

有錢人的想法和你不一樣

願意肩負起責任的人並不常見，即使我們知道說句「對不起」不難，但是要承認錯誤或是負起責任就很難了，因爲大多數人只想把責任往別人身上推。

承擔責任的重點不在賠償，而是爲了對自己負責，其中蘊含的關鍵是「態度」兩個字。舉凡工作或生活，負責的態度必能提升他人對個人的評價。一如故事中的服務生，在他謙卑有禮且願意承擔責任的服務態度中，人們漸漸對他產生信任，不知不覺中也越來越依賴他的服務。所以顧客們願意再度光臨，且相信在這名服務員的用心拓展下，酒店業績必能蒸蒸日上。

回到生活中，我們是否也該仔細審視一下自己是否有負責任的態度？

10

掌握趨勢，修正自己的腳步

只要經營者對市場的嗅覺夠靈敏，便能在市場變動之前及時轉向，在危機即將到臨之前抽身保命。

面對優惠，要懂得防備

在商戰上，時時都要防備，因為金錢陷阱的誘惑真的很多，有時候連籌謀能力高強的老手也不一定能全部躲過。

不可否認的，成功致富有時候真的需要一點運氣，但是，運氣難道是毫不講道理的東西，會無緣無故從天上掉下來嗎？

機會當然要適時把握，但是，遇到從天而降的機運，或是別人無緣無故提出優惠措施，聰明的經營者必須迅速判斷其中是否暗藏玄機。

貪婪的人最容易受騙上當，這在激烈的商戰場上，這種情形更是常見，只要經營者的心動了貪念，失敗的陷阱也會漸漸地靠近。

反之，如果經營者能堅持「一分耕耘一分收穫」的態度，面對利誘能不為所動，那些有所圖謀的人自然知道迴避，永遠離你遠遠的。

你必須學習的經驗

香港的H公司與大陸某家曳引機工廠合作一筆大生意。

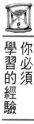

據說他們在簽定合約時，合約上寫著：「H公司將以優惠五十萬的價格，爲貴工廠提供了一條曳引機生產線。貴工廠自第二年開始，必須以略低於國際市場的優惠價，爲H公司提供一千四百台曳引機，第三年則再提供二千台，如有違反合約，將按有關條文罰款。」

合約上清楚寫明了條件，一切都很合理，但是生產線開始生產後的第二年，曳引機廠卻因無法如期供貨，而被罰款了近一百六十萬美元，第三年也一樣無法如期交貨，又被罰了四百八十萬美元。

第四年，曳引機廠積極地將進度跟上，產量與產質也終於達到H公司要求的生產目標。由於這是三年的合約，這天曳引機廠主管來到了H公司，希望能與該公司延長合約的時間。

但沒想到對方居然說：「很對不起，我們現在已改做別的生意，很感謝貴廠三年來的配合，你們信守合約的態度非常令人敬佩。」

一聽到不再續約，曳引機工廠主管整個人呆住了，因爲好不容易跟上的腳步，如今居然必須停頓了。

故事在這裡結束，可是得另外換個場景來說明前因後果。

原來，H公司在簽訂合約前便已經從其他公司所提供的資料中得知，這家曳引機工廠的人員素質、技術和管理情況不夠健全，這也就是說，他們根本無法履行合約按期供貨。

換句話說，所謂的合約，只是H公司爲了能得到大筆罰款收入，因而心存欺騙的動作，至於曳引機工廠的主管更是可笑，因爲他就爲了貪圖H公司那五十萬元的優惠而貿然簽約，後來因小失大，得不償失。

聽著「誠實履約」的讚美聲，再對照曳引機工廠負責人因貪小便宜而引來的失敗結果，實在令人感到啼笑皆非。

若要責怪H公司欺詐，那麼曳引機老闆的貪婪心理更應該列爲首要的過錯，試想，如果不受誘於五十萬元的優惠，又怎會落得如此悲慘的命運？

「一分錢一分貨」的道理在商戰場上古今適用，無論是消費者的角度，還是商人間的交易。當對方願意給你相當的優惠或折扣時，其中是否另有玄機，經營者一定要小心，不妨先重新觀察、評估後再下決定也不遲。

在商戰上，時時都要防備，更要懂得處處提防，因爲金錢陷阱的誘惑眞的很多，有時候連籌謀能力高強的老手也不一定能全部躲過。

經商要靠心計，也要憑毅力

無論經營者如何工於心計，若是沒有成功的決心，只是一味地想趁著對手失意時打倒對方，那麼再強的優勢都毫無用處。

你必須學習的經驗

無論領導者的事業版圖有多大，別人願意繼續與他合作，始終是看他是否堅守「誠懇」與「踏實」這兩個原則，而不只是擅長耍奸弄詐。

企業經營也是如此，不管商戰場上的競爭有多激烈，也不論對手的伎倆有多詭詐，只要能安守本分前進，即使一時遇挫，最終一定能達到目的地。

日本的三井和三菱兩大公司曾在海運上展開過一場激烈競爭，而且幾乎是用公司的性命作賭注。

最後三井雖然被三菱擊敗了，可是獲勝的三菱公司卻受了重創，不久之後，兩家公司爲了三池煤礦的經營權，居然再度展開一場生死搏鬥。

後來，三井公司獲得三池煤礦的銷售權，爲了帶動三井的成績，公司上下無不卯足了勁。不過，想從煤礦獲得利益的不只是三井公司，三菱的第二代領導者岩崎彌太郎也看中了這一點。

雖然，三池煤礦經營權已由三井取得，但是另一個國營礦坑高島煤礦的經營權還未解決，而擁有高島煤礦的後藤象二郎這時正巧向岩崎彌太郎借款。

彌太郎便與後藤象二郎商量：「這樣好了，你可以用煤礦來償還借款。」

就這樣，三菱公司輕輕鬆鬆地獲得了高島煤礦，只是三菱似乎野心不小，始終認爲：「如果能獲得三池煤礦，那就更完美了！」

於是，岩崎彌太郎接著出招，與三菱的支持客戶聯合向政府提出建議：「不如將三池煤礦出售吧！應該値三百萬元。」

這個消息一出，立即引起三井公司的困擾，因爲他們正巧遇上了資金周轉的困境，雖然很想爭取三池煤礦的經營權，但一時之間要拿出這麼多錢卻又無能爲力，三菱正看準了這個情況，因此想利用這個機會一舉擊倒三井公司，迫使他們退出競爭市場。

只是，自以爲如意算盤打得很精準的三菱，卻怎麼也沒料到，掌管財政的大藏省首長松方正義對三池煤礦的價值進行評估後指出：「這是我國外匯的主要來源，若是要賣給私人企業，最低價得定得高一些，並且以公開投標的方式來出售。」

原本自信滿滿的三菱這下子可踢到了鐵板，煮熟的鴨子竟然飛走了，三菱的購買企劃案被退回後，日本政府也同時決定要公開招標。

價格更高，三井公司的機會似乎更加渺茫了，但結果卻大出意料，當人人都認爲仍會由三菱得標時，沒想到三井卻搶得了勝利。

回憶這段故事，三井負責人益田孝說：「我當時不斷告訴自己，無論如何一定要得標！因爲，三池煤礦對三井的未來實在太重要了，一旦失去它，三井恐怕很難再站起來了。」

因此，連保證金都籌不出來的益田孝，靠著頑強鬥志與自我勉勵，積極地四處貸款，只是事情進行得很不順利，因爲三井公司的財務情況人人皆知，根本沒有人敢借錢給他，深怕血本無歸。

不過，在益田孝努力奔波下，終於以誠意打動一家銀行的主管，因爲他不惜以個人私產作爲抵押，一切只爲了：「三池煤礦對三井眞的很重要！」

然而，一百萬元保證金雖然借到了，但眞正的困難卻還在後頭——標價到底該寫多少錢呢？這個問題不管是益田孝還是彌太郎都很頭痛，因爲他們都想以低價格得標，更要考慮到對手出的價錢。

最後，益田孝決定以三井的名義寫下四百一十萬元，此外，又用個人名義寫下四百五十五萬元的標價。

結果，得標者是一個企業主，當然這個人就是益田孝。

日本一位經濟學家對於益田孝的成功，如此寫道：「在拿到三池經營權後，三井熬了很長一段時間，但是憑著領導者堅毅不撓的決心，終於使得三井的業績慢慢地往上攀爬，最終三池果然成爲三井的寶庫。據一九三二年朝日新聞的報導，三池煤礦的年產量平均是三百萬噸，每年獲利都在十億元以上。」

有錢人的想法和你不一樣

雖然這是一則爾虞我詐的商戰故事，但益田孝非成功不可的決心，卻讓三井在這場狡詐的商業爭鬥中獲勝。益田孝鬥志昂揚的奮戰精神提醒我們：「無論商場競爭多麼激烈，成功的關鍵始終掌控在自己的手中。」

無論經營者如何工於心計，若是沒有成功的決心，只是一味地想趁著對手失意時打倒對方，那麼再強的優勢都毫無用處。

一味地籌謀詐術，並不會爲企業帶來任何成功的機會，即使能一時如願，那也只是曇花一現，成功的光芒並不會綻放多久，因爲，只要對手一站起來，隨時都能將王座奪回。

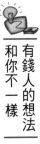

人數不是決定事業版圖的要素

員工多不一定代表精英多，只要能讓公司裡的每一個人的能力發揮到極致，即使是小公司也能成就非常的事業版圖。

管理大師彼得．杜拉克說：「要讓企業聘用的人才發揮生產力，便要視他們、待他們如資產，而非成本。」

想創造傑出的團隊，就要有效提升員工能力，並確立企業的經營目標和培訓方針。如果沒有明確的經營理念和方針，培訓政策缺乏一致性，又欠缺績效考核制度，想況張事業版圖，無異是緣木求魚。

對公司來說，最期待的是員工們能全力付出，對員工們來說，最渴望的，就是每一分付出都能得到公司的肯定。

雙贏的方法很簡單，就是讓員工們也有身爲經營者的意識，聰明的經營者要讓下屬知道，公司的一切就是員工們的一切。

當員工意識到這是一份爲自己而工作的事業，只要讓任務完美成功，那麼這一切收穫與成就也全都屬於自己。

你必須學習的經驗

任天堂公司是國際知名企業，也是日本最會賺錢的企業之一。

任天堂公司員工只有九百五十名，卻能達到如此傲人的成績，成功的背後也引來人們的好奇：「爲什麼一個不到千人的公司，每個人竟能年年創造出八十萬美元的利潤呢？」

其中關鍵，便在於公司的領導人懂得「以身作則」的重要性。

山內博進入任天堂公司時，並不被外界看好，甚至有人還嘲諷他是最沒有企業家風采的人物。

因爲他既不參與社交活動，也不願意在各個團體中擔任職務，其他像是一些交流宴會等更是沒有興趣，因爲他說：「工作就是我最大的生活樂趣！」

不過，生活看似貧乏的他，卻對市場訊息及投資方向非常敏銳，不少投資機會，便是他克服了種種困難，跨越了無數危機才獲得成功。

無論是液晶電子遊戲機，還是廉價實用的家庭電子遊戲機，又或是大家熟悉的任天堂遊戲卡等等，只要任天堂的產品一上市，玩家們無不瘋狂搶購。

當然，成功絕非偶然，看起來勢單力薄的任天堂公司，在山內博領導下，員工們上下一心，因爲他們都有著這樣的共識：「工作的成就感更甚於金錢上的享受，只要一聽見消費者的肯定，我們的研發動力自然高漲！」

因此，在這個沒有交際支出，更沒有高額薪水的企業裡服務，九百五十名員工們的心裡都很清楚：「我們和總經理地位一樣，在這裡，成功榮耀是共享的，而且每個人都是英雄！」

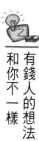

當資本主義社會越來越重視財富的多寡時，「成就感」這三個字象徵的精神意義似乎也日益消失了。

若非任天堂公司的經驗，或許我們永遠也不知道，原來當我們快樂地玩電子遊戲時，裡面便已充滿設計者的成功驕傲。

從中我們也得到了反省，原來員工多不一定代表精英多，如何讓每一位員工都是精英中的精英，才是最重要的。

即使規模小，只要能讓公司裡的每一個人的能力都發揮到極致，即使是小而美的公司也能成就非常的事業版圖。只要經營者讓員工們明白：「你們想要的，就在你們的手中！」

掌握趨勢，修正自己的腳步

只要經營者對市場的嗅覺夠靈敏，便能在市場變動之前及時轉向，在危機即將到臨之前抽身保命。

在二十世紀末掀起亞洲金融風暴，讓人又愛又恨的國際金融家索羅斯，談及自己的財富煉金術時，曾經這麼說：「只要你擁有創造性的頭腦，任何行動都是你實踐夢想的第一步。」

企業必須不斷創新，身爲經營者也必須不斷與週遭環境接觸，然後根據訊息做出正確研判，設法提昇自己的競爭力，否則就會遭到淘汰。

想在市場上呼風喚雨並不難，只要經營者能審時度勢，及時修改自己的經營策略，那麼機會自然會待在你左右，市場的脈動也會跟著你的脈博跳動。

想輕鬆度過每一場經濟風暴，便要看得懂市場變動的先兆，更要能在市場變動前找到未來的風向。

企業主想在激烈競爭的市場上爭得一席之地，當然得根據市場的變化，及時修訂原有的生產計劃與行銷方式。懂得這番道理的不乏其人，其中又以香港船王包玉剛執行得最成功。

你必須學習的經驗

二十世紀五〇年代至六〇年代初期，韓戰和越戰在亞洲地區如火如荼進行，當時的美國爲了從美洲將各種軍火和物資運到亞洲的戰場上，讓航運業大發了一筆戰爭財。

其他還有許多大國爲了恢復國內經濟，並迅速地向外發展，對於遠距離運輸的需求量大增，致使石油和礦石的運輸工作忽然暴增，航運業務的蓬勃發展讓許多船商擠進了富商行列。

我們也可以這麼說，當年戰爭紛亂的時候正是航運業的黃金時代，香港船王包玉剛積極地發展海上運輸，及時成立了二千萬噸的龐大船隊，因而在這個百業蕭條的時候反而取得了巨大的利潤。

五〇年代後期，韓戰終於停歇，美軍也在七〇年初期退出了越南，與此同時，英國、墨西哥、非洲各海灣地區紛紛發現了大量油田，從軍火運輸到石油開採，航運業在這段時間也有了微妙的變化。

分散化的發展格局，讓世界工業的結構跟著日趨輕型化，世界各地則從勞動密集型態轉爲資本密集型態，航空運輸的發展也越來越迅速，至於海上運輸事業則在迅速萎縮當中。

海運事業越來越不景氣，包玉剛當然沒忘了審時度勢，當機立斷賣掉了近一千三百萬噸的船隻，並及時棄船登「陸」，開始發展其他可以獲利的產業，從房地產到興建工廠、倉庫……等，甚至還開辦了航空公司，積極發展更符合世界趨勢的第三事業。

有錢人的想法和你不一樣

大部分成功的企業家都像包玉剛一樣，懂得積極地轉向，知道時機在哪兒，這些適時的轉變不僅讓事業版圖越來越壯大，更讓他的企業不被市場淘汰。包玉剛所展現的策略與思維正可給予正準備起步的創業者一個引導。

其實，經營事業並不難，在我們常說的決心和毅力之外，敏銳的嗅覺也是必備的，只要經營者對市場的嗅覺夠靈敏，便能在市場變動之前及時轉向，在危機即將到臨之前抽身保命。

市場變化的速度沒有人能預測，但是，市場變化的趨勢卻是可以判讀出來的，只要能多一點觀察，小心謹慎地前進，每一項計劃必定可以在關鍵時候修正腳步，獲得最豐碩的成果。

迅速找出失敗的原因

不怕機會錯失，就怕你怎麼失去機會都不知道；不擔心寶座易主，就怕你被敵人擊敗後都還找不出原因。

不怕錯失機會，就怕自己連怎麼失去機會都摸不著頭緒。在困境中想再重新振作的人，最重要的不只是面對的勇氣，也不只是堅強的耐力，是要有找出失敗原因的智慧。

面對失敗一點也不困難，只要放下無謂的尊嚴，迅速找出失敗的原因，迅速檢討改進，就能找到突破困局的有效方法。

你必須學習的經驗

享譽全球的瑞士鐘錶已有四百年的悠久歷史，如今瑞士鐘錶更佔有近百分之七十的世界鐘錶市場，每天都有近二十億美元的營收。

六〇年代初，瑞士人發明了石英電子錶，它的走時精準，每月誤差不到十五秒，更重要的是，這項產品的價格十分低廉，一般售價也不超過十美元。反觀傳統的機械手錶，每月誤差高達一百秒左右，售價則超過了十美元以上，二者間的優劣高下再清楚不過了。

不過，問題來了，因爲瑞士人始終被傳統觀念囿限，認爲石英錶只是沒品味的「玩意」，難登大雅之堂，所以仍然堅持大量生產機械手錶。雖然其中有著令人尊敬的堅持，可是面對世界鐘錶市場的發展趨勢，這樣的堅持只顯示出他們缺乏遠見，對自己所發明的石英錶的優越性能缺乏信心。

也因爲這個失誤，差點讓他們失去了品味多變的鐘錶市場。

原來，當時的日本與香港鐘錶商慧眼識英雄，搶先生產了物美價廉的石英錶，不但迅速地佔據了世界的鐘錶市場，更逐步地侵蝕瑞士鐘錶業，因爲這讓瑞士鐘錶的外銷量由八千二百萬只降到了三千一百萬只，還導致近三分之一的瑞士鐘錶工廠關閉，大批工人失業。

爲了挽回頹勢，瑞士鐘錶業立即痛定思痛，根據知己知彼的原則，總結出三項失誤的原因：

第一正是對事物缺乏敏銳度，因爲自家人沒有充分認識石英錶的優越性，因而未能及時轉向生產石英錶，才會被日本與香港的鐘錶商人搶得先機。

再者便是缺乏遠見，未能掌握全球鐘錶市場的微妙動向，以致在生產和銷售上都蒙受巨大損失。

最末一項便是他們忽略了原有機械手錶的結構落後，不僅成本高且缺乏競爭力，這些都是讓瑞士鐘錶差點消聲匿跡的原因。

看清了自己的錯誤，也看清楚了對手的發展能力，瑞士鐘錶業開始努力生產自家人發明的石英錶，甚至還更進一步研製出超薄型且帶有水果香味的新型石英錶！重新修正發展方向後，瑞士鐘錶總算在一九八五年，從日本手中奪回了原本屬於他們的「鐘錶王國」美譽。

有錢人的想法和你不一樣

對瑞士鐘錶來說，儘管他們一度錯估了自己的研發能力，更輕忽了消費者的需求，但最終還是坐回世界鐘錶的寶座，也始終是世界最頂尖的鐘錶製造王國，這些全得歸功於他們在發現錯誤後能立即糾正，所以能重振聲譽。

從這段歷程，我們也看見成敗的關鍵：「不怕機會錯失，就怕你怎麼失去機會都不知道；不必擔心寶座易主，就怕你被敵人擊敗後都還找不出原因。」

因爲，失去的絕對可以再找回來，寶座更可以再奪回，只要能即時找出錯誤，勇敢面對，榮耀自然會重現。

了解能力，便能激發潛力

只要能仔細了解每一個人的能力所在，自然能準確地分工，讓每一個人都成為公司未來發展的關鍵人物。

人的創意是無限的，且每個人的視野、觀點也不盡相同，所以，才能是否能確實得到發揮，便得看管理者是否能把人才擺在正確的位置。

用對了人，也爲人才選對了位子，那麼經營者根本無需花費太多的心思管理，因爲有才能的人一旦有了發展機會，發揮自己的才能都來不及了，怎麼捨得怠惰浪費時間呢？

東方管理學強調的「知人善任」，當然是指不拘成規地使用人才，只要是有獨特才能的人都要讓他們盡情發揮長才。

你必須學習的經驗

日本最具權威的經濟刊物《日經商業》雜誌列出的優秀企業排行榜上，本田汽車公司一直雄踞榜上。

本田公司的創始人本田宗一郎，是個才思敏捷且經營有方的絕佳領導者，據說出身在鐵匠之家的本田宗一郎，從小就酷愛玩機器。四十歲時他創立了本田公司，在選錄企業人才時，特別偏愛「不正常」的人。所謂的不正常意指思考靈活，觀念和想法異於常人。

舉個例子來說，有一次公司在招考優秀人才時，在某個職位上，面試官們對其中兩名應徵青年取捨不定，便向本田請示，本田宗一郎則隨口答道：「錄用那名較不正常的人。」

之所以這麼回答，是因為本田宗一郎認為：「循規蹈矩的正常人通常發展有限，反倒是那些看起來不正常的人有著無可限量的潛能，會有驚人之舉。」

在這樣獨特的用人原則下，本田公司創業不到半個世紀，便發展成爲世界一流的企業。「本田技研社」的信條則是：「沒有鮮明個性的人，根本創造不出獨具特色的商品，因此，我們這裡只招收個性不同的怪才！」

於是，在本田公司裡的員工們只有兩個類型。一種是本田迷，也就是對本田車癡迷的人，他們大都不計較工資待遇，一心只想親手研製出新型的本田車，只想熱情地與人分享他們的創意。另一種人自然是那些性格古怪的人，他們喜愛胡思亂想，愛提出不同的意見，當然也更加熱衷於發明創造。

本田宗一郎說：「我們必須大膽委託工作給員工們，當然也對他們有著極高的目標要求。至於要如何達到，我從來不想比手劃腳，只想讓這些怪人們自己去想辦法。因為我相信，人一旦被逼急了，自然會激出無限的創造能力。」

信任與創造力結合，讓本田車總是在汽車設計大獎上一鳴驚人。

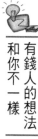

的確，企業的領導者在商場上的指揮調度，必須懂得適才適所，更要懂得知人善任，如此一來，才能讓整體發展能達到取長補短的功效，更能讓每一個人才都能找到最適合的發展空間。在這些獨一無二的崗位上，只要人才的潛力都能得到發揮，那麼強將手下便不會出現弱兵了。

就像本田宗一郎的用人原則：「你身邊是否有人才，並不在於這個人的能力到底有多少，而是你能否讓他坐在最適宜的位子上，是否願意讓他盡情地發揮所長，這些才是一個成功的經營者想成功管理的關鍵。」

換句話說，沒有人能獨攬所有大小事，只要能仔細了解每一個人的能力所在，自然能準確地分工，讓每一個人都成爲公司未來發展的關鍵人物。

看破，就能突破

在傳統中找出創新的機會，在困境中找到突破的辦法，這些都是每一個企業領導者應當努力培養的能力與魄力。

石油大王洛克菲勒曾說：「最艱難的競爭不是來自外面強大的競爭對手，而是來自處於險境，卻看不破成敗的關鍵的經營者。」

的確，想要從經營困境突圍，就不能盲目樂觀和盲目悲觀，唯有認清自己的競爭優勢與劣勢，才能識破成敗的關鍵，採取出奇制勝的戰術。

我們身處的是一個知識經濟的年代，也是一個優勢競爭的年代，僅僅擁有一些知識和想法是不夠的，如果不懂得以別人的失敗教訓作爲借鏡，那只會讓你架構出懸浮在雲端的空中之城。

很少有人會從別人的失敗中學到教訓，因爲大多數人都只專注於人們的跌倒本身，而略過了他們之所以跌倒的原因。

於是，有企業領導人很小心地走在相同的道路上，不敢積極邁開腳步，問他原因，經常得到這樣的答案：「因爲我不知道陷阱在哪裡。」

其實，看不見原因是一回事，經營者能不能勇於創新又是另一回事，一味地墨守成規，最終還是會陷入同樣的錯誤。

你必須學習的經驗

一般來說，奧運會主辦國通常都是負債累累，不過在這麼多的主辦單位中也不乏賺錢的，美國洛杉磯奧運會便是成功的先例。

事實上，當時洛杉磯政府原本就有著嚴重的財務危機，洛杉磯市議會還一度做出拒絕承辦該屆奧運會的決議，然而就在奧運會面臨夭折的命運前，美國著名企業家尤伯羅斯忽然挺身而出。

他不僅毅然接下了洛杉磯奧運會主辦人的重任，還讓原本被預期會虧損嚴重的奧運會賺進了大把鈔票。

尤伯羅斯為了籌備資金，第一步竟將自己的公司賣掉，全力投入籌辦奧運會的工作，這個破釜沈舟的決心當然異於常人。

第二步，他則明確地宣佈，該屆奧運會完全「商辦」，不要政府一分錢，一切資金由接管的委員會籌措，盈虧自負。這也讓奧運會籌委會第一次獨立於政府單位之外，成了一個私人的公司，這個舉動更震驚全世界。

其中最關鍵的一步是，經商奇才尤伯羅斯的招商動作。

只見他四方出擊，大力地籌資，其中則以高價出售電視轉播權最令人驚奇不已，因爲，過去大多數政府單位主辦的奧運會，都廉價售出轉播權，幾乎所有的電視台都口袋飽滿。

對此，計算精準的尤伯羅斯當然不會放棄權利，頻頻向美國兩家最大的廣播公司出招，並由美國廣播公司ＡＢＣ和全國廣播公司ＮＢＣ競標，最終ＡＢＣ公司仔細計算過後，認為有利可圖，於是便搶在ＮＢＣ之前買下了電視轉播權，再加其他售予外國電台的轉播權利金，尤羅伯斯光是電視轉播權利金便籌到了二．八億美元。

接著是廣告商的招攬，爲了給贊助商獨一無二的名份，尤伯羅斯不僅限定名額，更以高價贊助爲限，而且不像過去一樣雜亂無章，而是一改舊例，將目光只獨於各大公司。

在招商過程中，尤伯羅斯巧妙地施展了他的行銷技術，讓各家著名的大公司相互競爭，例如「可口可樂」和「百事可樂」兩大公司便在不斷地喊價聲中，最終由可口可樂公司以一千二百六十萬美元奪得了飲料廣告權。

每一個步驟尤伯羅斯都仔細計算清楚，並且巧妙地說服大企業心甘情願地掏出大把鈔票來贊助、支持這場奧運盛會。

所有資金都籌集到手後，尤伯羅斯當然不忘精打細算地支出，該花錢的地方他毫不吝嗇，不過對於不必要的花費，他可是一毛錢也不給的。

就這樣，在尤伯羅斯及其他幫手們努力下，洛杉磯奧運會不僅沒有任何虧損，反倒賺得了超過二億美元的盈餘。

有錢人的想法和你不一樣

放下尊嚴是成敗的關鍵，尤伯羅斯努力賺錢的做法，讓每戰必虧損的奧運會有了完全不一樣的結果，這或許是當初不認同他做法的人始料未及的吧！

對尤伯羅斯來說，事情總有解決的辦法，如果沿用過去一貫的傳統方法，這場奧運盛會當然要繼續虧損下去，但是他是個商人，當然只會用商人的辦法來解決問題。在利益交換的思考裡，他找到了互惠互利的良策，以招標的方式來賦予各家企業幾乎是獨有獨佔的宣傳機會，這樣獨一無二的方法當然具有吸引力，也順利籌募到資金。

其實，經營企業不也是應當如此？在傳統中找出創新的機會，在困境中找到突破的辦法，這些都是每一個企業領導者應當努力培養的能力與魄力。

如果尤伯羅斯能讓幾十年來的奧運，從必定虧損中找出生機，那麼我們眼前小小的阻礙又算得了什麼？

麥斯威爾．馬爾茲曾經寫道：「當你面對困境，不能逃避或繞開它們，而是必須面對它，同它打交道。」

遭逢事業的瓶頸，必須認清現實，冷靜地分析如何突破，因爲，導致人們失敗的不是困境，而是面對困境的心態！

這是一個景氣持續下滑、充滿詭譎變數，但是又充滿無限機會的時代，許多人因爲經濟環境不斷惡化而過得更差，但是，也有人懂得發揮「創新觀念」而在不景氣中逆勢上揚。

擁有超越別人的知識和獨特的想法之後，必須腳踏實地去執行，留意身邊的每一個機會，積極爲自己創造機會。

只要經營者別再看著別人的失敗步伐自尋煩惱，也不要再困守在傳統的束縛中，必定能開創出迴然不同的格局。

11

加上一點創意，就能創造奇蹟

路是靠著每個人雙腳走出來的，只要經營者不怕面對挫折，不被困難所擊倒，最終都一定能到達成功終點。

創意就是最好的發財工具

生活處處都有商機，只要從滿足社會需求，或刺激消費者的好奇概念裡構思，都能輕鬆找到財源廣進的絕佳創意。

在網路與科技不斷翻新的時代，創意就是最好的發財工具，想要推動既富有創造性又有利可圖的商業活動，就必須研發獨特的創意。

有了創意，更不能忽略行銷戰略，因爲，如果說創意是「喜馬拉雅山」，相較之下，行銷戰略就是「聖母峰」。

我們身處的是一個知識經濟的年代，也是一個優勢競爭的年代，更是一個窮人隨時都可能一夕致富的年代。

致富的原則在於，擁有超越別人的獨特創意之後，必須構思出最恰當的方式去執行，如此才能爲自己創造龐大的財富。

既然是有趣的創意，那麼在這個想像中必定有些吸引人的地方，否則怎麼可能激起別人的興趣？所以，別老是認爲「胡思亂想」是件壞事，很多時候正因爲「多想」，讓我們想到了非比尋常的生財妙方呢！

這個充滿想像力的世界，只要創意的趣味十足，也能夠滿足人們的好奇與玩樂心理，那麼這個創意就是最佳的生財器具。

你必須學習的經驗

在比利時的布魯塞爾市中心，有一間舉世無雙的棺材酒吧，陰森森的裝潢佈置，每每讓初次踏入的人不由自主地心生恐懼。

在通往棺材酒吧的小通道上，他們選擇了黑色與金黃色的兩種壁紙來設計，走過了黑色與金黃色的長廊之後，人們第一眼看見的便是一個個陰森感十足的棺材，特別是吧檯那兒的酒櫃，也是由三副棺材所組成，而店面四周牆壁上還掛了許多花圈，不知道的人都會以爲自己誤闖別人的靈堂呢！

其他像是燈光的設計更是配合得十分絕妙，陰沉的紫光與綠色霓虹，再加上偶爾從音箱傳來的淒涼樂聲，更是使人毛骨悚然。

描述到這兒，想必許多人都會這麼想：「這麼可怕的地方，怎麼會有人去？」事實上，就是有很多人愛這樣鬼魅陰森的場所，在好奇心的驅使以及追求刺激的作用下，「棺材酒吧」幾乎每天坐無虛席，其中還有許多人不遠千里到這兒一遊，目的就只爲了到「棺材酒吧」來見識一下。

酒吧老闆爲了迎合人們的好奇心理，特別設計了一系列的骷髏狀酒具，以及別出新裁的雞尾酒名，像是「吸血鬼之吻」、「魔鬼」、「僵屍」等等。小創意創造大商機，這是棺材酒吧的成功之道，它滿足了人們的好奇心，更讓消費者能直接參與老闆的創意與趣味，當然能夠天天客滿了。

類似「棺材酒吧」的創意在世界各地都有成功個案。

無論是以監獄爲主題的餐廳，還是以同志爲主題的酒吧，目標都是鎖定並強化了消費族群的獨特性與唯一性，進而達到刺激消費的目的。

這些都是以我們生活周遭「非常態」的事物來吸引人們的目光，業者加強了其中的與眾不同感，也直接強化了人們對這些事物的好奇心與玩興，當然也刺激了人們一探究竟的動力。

生活處處都有商機，所有的創意都可以從生活中找尋。只要從滿足社會需求，或刺激消費者的好奇概念裡構思，都能輕鬆找到財源廣進的絕佳創意。

別擔心你的想像太過大膽，更別害怕你的創意太過前衛，儘管當個開路先鋒，開始時總會有些阻礙，但是別忘了人類發展的一個要點：「未來的潮流經常是前人的前衛思維中延伸出來的！」

懂得變通，窮人才會變富翁

只要我們時時都掌握先機，能夠不斷地創新機會，靈活積極尋找新的方向，同樣能成功締造創造財富的傳奇。

深具影響力的投資理財專家Ｌ．科比爾曾經說過：「人類真正的差別就在腦力，具備超人的腦力，加上無法撼動的決心，造就了一個人的成功。」

的確，企業必須不斷創新，身爲經營者也必須不斷與週遭環境接觸，然後根據訊息做出正確研判，設法提昇自己的競爭力，否則就會遭到淘汰。

你的視野有多大，你的機會就有那麼多。有遠見的人才能早一步看見轉變之中的契機，進而隨機應變，立於不敗的地位；這不是什麼特殊的成功攻略，而是再簡單不過的致富原則。

生活中的難得機遇，始終都得靠我們主動挖掘；人生路上的契機，也始終得靠自己積極創造。

你必須學習的經驗

三年前，住在內華達州的大衛．伯格森接下了一間倒閉的製膠廠。這是一間只有三十名員工的小工廠，倒閉前工廠不僅背負了五萬美元的負債，還拖欠了工人們九個月的薪資。

然而，大衛接下這個爛攤子後，卻不見他精簡支出，反倒集資招募了近兩百名的工人加入生產行列。在眾人訝異的眼光中，他先將漏水的廠房屋頂修補好，接著將廠房與設備的問題一一加以解決，一切就緒後，大衛便對員工們說：「從今天開始工廠靠大家了！」

正當大衛的塑膠廠準備重新開張前夕，忽然聽說一個消息：「市場的塑膠需求已供過於求，許多塑膠製品公司紛紛關閉。」

大衛一收到這個情報，腦海裡立即出現一個「變」字：「公司要立即轉型，產品要因時制宜，才能安全無憂地衝向新的開始。」

經過無數次的調查與研發，大衛最後決定轉向皮革業，以皮革製品來開拓舊工廠的新未來。他們就地取才，用皮革製作了腳踏車的坐墊，以及手提包、青少年背包或旅行包……等等。這些生活上的基本配備很快地便打入了市場，由於製作品質一流，很快地便佔領了整個內華達市場。不久，大衛不僅將舊債清還，工人的薪資也補足了。

小本生意大獲利的消息很快地傳遍了商界。許多面臨困境的小工廠紛紛前來觀摩、討教，希望自己也能找到起死回生的機會和技巧。

其實，當大衛剛決定轉向眞皮產品時，很多資深工人紛紛前來責問他：「工廠原來生產的東西那麼暢銷，你爲什麼要停止生產呢？」

當時大衛對於工人們的質疑沒有多加解釋，只笑笑地說：「塑膠製品已經飽和，非變不可，以後你們便知道了！」

結果正如大衛的預料。但是，許多前來取經的工廠們，看見他們的本小利大的銷售成果，回去後竟也爭相大批生產，很快地皮革市場也開始飽和，出現了滯銷情況，然而大衛卻又找到了開發新產品的方向。

當時，他從一個鄉村女孩身上激發了「復古皮箱」的創意，只因爲女孩找不到結婚用的皮箱，而讓大衛想到：「是啊！我怎麼都沒有想到鄉村的需求呢？鄉村結婚必備的箱子，當然要美觀實用、既新潮又典雅才行，這一塊市場從來都沒有人注意到啊！」

於是，造型高雅、價格實惠又帶著鄉村氣息的「復古皮箱」出產了，許多鄉間經銷店得知這個消息，紛紛向工廠下訂單，懂得變通的大衛再一次讓公司的產品獨佔鰲頭。

有錢人的想法和你不一樣

時代的步伐走得很快，無論是企業或個人，每每只能跟著市場的訊息變動、前進，只有極少數的人能輕鬆地掌握市場趨勢應對自如，並抓緊時機研發新產品，甚至引領市場的需要。

懂得掌握訊息，隨機應變，這是許多企業家成功的主因。企業家根據市場消息修正自己的腳步，一次次地體現了靈活思考的重要性。

在商場上，多變的消費者心理與同行強手林立，讓市場的變化迅速更加變幻莫測，如果管理階層總是在等待明確的流行訊息，或等待別人平安開路後才敢跟上前去，那麼機會與希望也將永遠落在他人之後，永遠也跟不上。

成功者的特質是，當其他公司遇到瓶頸才開始想要轉變時，他們已經大舉攻掠市場。他們沒有短視近利的毛病，總是拉遠了未來的目光，因而總是能早別人一步看見市場的停滯現象，並在別人準備一哄而上時變通轉彎，進而積極開拓新搜尋到的方向，繼續成就「出類拔萃」的領航地位。

許多活生生的案例都告訴我們，「隨機應變」、「果斷機警」就是企業的成功訣竅，也是窮人變富翁的成功技巧，只要我們時時都掌握先機，能夠不斷地創新機會，靈活積極尋找新的方向，同樣能成功締造創造財富的傳奇。

想穩賺不賠便要精益求精

大多數經營者在銷售成績與固守品質中，經常難以取捨，最後精益求精適用在學習態度上，更適於商場上的經營。

管理學者威廉．道菲耐談及全球化競爭之時說：「生產能力過剩使得顧客成長成為極為艱難的挑戰。市場方向的決定權已經從生產者手中轉移到消費者手中。現在的消費者，要求高、品牌忠誠度低，因此，很多執行長極力要求生產與行銷時都要『把品牌表現出來』。」

培養顧客的品牌忠誠度固然重要，但比品牌行銷更有效的則是精益求精的品質，以及更特殊的銷售法則。

產量一多，要想顧及全面，自然不是一件容易的事，這也就是爲什麼有不少商家堅持「限量發行」的原因。

其中，不僅是爲了迎合消費者想的慾望，更重要的是，如此一來他們才能仔細檢視商品的品質，不致於讓人有機會開記者會宣傳它「有瑕疵」。

你必須學習的經驗

希爾蘭奇公司的首飾和珍珠項鍊，向來以設計精美得到客戶們的青睞，各國的商家都對該公司的首飾特別偏好。

雖然希爾蘭奇的商品在市場上很搶手，但是卻從不追加生產量，對於客戶們的搶購，反而更加堅持限量生產。

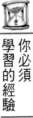

不願無限地生產製造的原因，希爾蘭奇決策者是這樣說的：「產品限定在一定的數量，我們才能更加確保首飾的品質，也更能增加商品的價值。」

爲了防止假冒商品出現，面對著紛至沓來的各國代理商，希爾蘭奇幾乎全部拒絕，因爲除了由公司統一設立專門的銷售據點外，該公司還特別設計了一張保固修護卡，讓消費者辨識商品的眞僞。

一流的產品與一絲不苟的專業服務，當然讓希爾蘭奇珠寶歷久不衰。

這樣的經營策略不是只有希爾蘭奇才懂，法國著名的路易威登皮箱公司也爲了防止不法商人販售僞造的劣質皮箱，在巴黎和威尼斯僅各設立一家專賣店，在其他各國的銷售分店也嚴格控制在二十七家之內。

至於商品銷售量，路易威登則是在各個專賣店裡控制。

據說，他們曾經發生過一件事，有位日本客人一連三天都登門十幾次，就爲了說服店員賣給他五十個皮箱。

不過，店員全都很客氣地回應：「對不起，由於庫存量不多，我們頂多只能賣給您兩個皮箱，眞的很抱歉。」

有錢人的想法和你不一樣

想有穩賺不賠的生意，經營者必須知道自己商品的特色，並找出別人所不能及的優勢，就像希爾蘭奇和路易威登公司一樣，當市場需求量大增時，並不急於生產，反而更加要求自己的品質，寧願減少生產也不要增量。

面對市場大量的需求，大多數經營者很難不被吸引，於是在銷售成績與固守品質中，經常難以取捨，最後卻都選了「量」而非「質」。畢竟，財富還是大多數人所追求的。

但是，顧得了銷售量便很難顧及生產品質，即使是機械生產，一旦大量趕工，也不免會出現瑕疵，萬一這個瑕疵品出現在消費者的手中，那麼人們對品牌的印象肯定會大打折扣，其中得失並不難猜測到。

精益求精不只適用在學習態度上，更適於商場上的經營，就像希爾蘭奇的決策者所說的：「一切以品質為優先，我們才能得到消費者的信賴與肯定。」

有好的信譽，就不怕沒有利益

不要把付出與收穫劃上絕對的等號，關於收穫的多少全看你怎麼付出，而不是付出了多少。

經商之路不容易走，無論是得提防對手的僞詐，還是要小心避免自己的錯估，在在讓人費神，但是，只要努力，經營者最終還是會完成心中的夢想。然而，在面臨問題衆多的經營道路上，經營者要怎麼迎接未來呢？辦法不難，只要懂得「信譽」的重要性，就能應付各種難題，畢竟，再狡詐的商人也不希望自己被欺騙。就這個角度來思考，若要問怎樣的經營領導者才能眞正勝出，答案當然是有誠信的人！

你必須學習的經驗

一九六八年，日本藤田先生與美國油炸食品公司簽訂了一紙合約，上面簽定的商品是三百萬雙刀叉。

交貨日期漸漸逼近，藤田的公司卻突然因爲生產線發生意外事故，以致無法按照合約規定日期交貨。

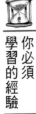

深諳商場遊戲規則的藤田很清楚猶太裔的油炸食品公司主管的性格，也知道猶太人很重視信譽，心裡想著：「如果我不能準時交貨，公司肯定會信譽掃地，從此再也沒有機會了。」

幾經反覆思考，藤田最後決定包租一架波音七○七的飛機，將三百萬雙刀叉直接空運到芝加哥，雖然在金錢上虧損不少，但藤田先生卻安慰公司員工說：「放心吧！聲譽已經保住了，我們不必擔心沒有機會。」

第二年，美國油炸食品公司果眞再次找上門，這一次向藤田增訂了六十萬雙刀叉。藤田因爲有了第一次的教訓，因此不斷加快工作速度，但老天爺似乎有心考驗他，意外狀況仍然頻頻發生，這一回還是無法如期交貨。

面對這個情況，藤田先生只得嘆了口氣，抹去頭上的汗水，再次租了架波音七〇七飛機將刀叉及時運抵芝加哥。

兩次的交易都虧本，不少人爲藤田先生感到憂心，也有人笑他根本不適合經商。只是到底適合不適合，或許只有想與藤田先生合作的公司最了解。

因爲，這兩次壯舉爲藤田在商界建立了良好的信譽，大家在談生意時無不想起了藤田先生的配合與自我要求，不久藤田的公司收到了一張大訂單，那是來自美國的麥當勞。

兩次的虧本看似造成了重大的損失，但是在此之後的成績與機會與其相比，那兩次損失實在太微不足道了。

有錢人的想法
和你不一樣

商場的「誠信原則」十分重要，能不能準時交貨，能不能讓產品永保一定水準，都是建立商譽的第一要件。

就像藤田先生的情況，租一架送貨專機工程浩大，運輸成本更是難以估算，然而從商戰策略來評估，眞正難以估算的，卻是這個行爲的價值。

最後，藤田先生收到了麥當勞公司的合約，我們也看見了成功的經營態度：「不要把付出與收穫劃上絕對的等號，收穫的多少全看經營者怎麼付出，而不是付出了多少。」

看了這個案例，了解成功商人的經營之道後，想必給了你不少啓發吧！正準備展開你的事業嗎？不妨用正確的態度來面對得失，然後，你自然能看見你等待許久的成果。

要有魄力，更要不斷學習

經營者如果不能積極地提升自己，怎能想出又新奇又有創意的經營策略與管理方法呢？

大多數的商業鉅子都會這麼造訴後進：「積極學習的領導者才能培育出靈活的思維，能吸收不同意見和思考的經營者，才能累積出寬廣的發展視野。」

當然，這些是人人皆知的道理，但似乎不是人人都做得到的。因此，當你好奇著爲何檯面上的成功名人始終都是那幾位時，或許得先問問自己：「爲什麼你總是有藉口說沒有時間累積自己的實力？」

你必須學習的經驗

四十八歲的羅伯特．葛施達是可口可樂公司的董事主席，接手可口可樂公司後便積極運用他的聰明腦袋，爲產品想出了一系列絕妙的經營方針，在成功經營可口可樂公司之後，接著又買下了哥倫比亞電影公司。

但是，這一個舉動卻令許多人百思不解，因爲從食品工業跨行到電影公司，其中的風險實在不小。

對此，葛施達卻巧妙地將飲料與電影歸爲同類商品，在記者會中說：「賣電影和賣可樂一樣都是在計算成本與開發市場的行業。」

「但是，隔行如隔山，跨行進入電影工業，難道你們有什麼樣的特殊計劃嗎？」有記者問。

這位可口可樂公司前主席則一語道破玄機：「那便是要讓每一個觀衆在看哥倫比亞影片時都會想喝可口可樂！」

在葛施達創意十足的生意頭腦帶領下，不僅讓公司發展越來越茁壯，公司內部更是在他的一系列革新和整頓下，所有關係企業和員工們迅速地建立起責任與獎勵同等的重要共識。

這個共識對經銷商的影響最鉅，因爲公司有一項新措施：「若有必要，總公司有權干預經銷公司的代銷活動。」這個新約定讓許多經銷公司十分不滿，但是他們卻不知道這其中有著葛施達的另一個目的。

雖然，總公司對於那些獨立的經銷公司仍保持原有的約定，但是對於那些不積極的經銷商，在解除合約時一點也不手軟。

像菲律賓代理商的銷售量由百分之四十六降到了百分之三十時，總公司想也沒想，立即與該公司解約，另行與當地一間公司合作組成「可口可樂分裝公司」，這個分裝公司的管理權則完全掌握在可口可樂公司的手中。

果決切除累贅的決策很正確，因爲新公司成立六個月後，當地的銷售額便已提升了二十幾個百分點。

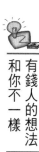

有錢人的想法和你不一樣

在羅伯特·葛施達的領導下，可口可樂公司果然蒸蒸日上，如今的可口可樂公司仍未忘葛施達的創新宗旨，不斷地爲消費者帶來令人驚喜的創意，讓消費者在喝可樂時也能感受到想分享創意的快樂。

可口可樂公司的成功原因有很多，葛施達的領導方法只是其中一例，從這個國際企業的成功過程中，其實我們不難找出值得學習的方法。不過，方法再多，最重要的還是經營者的心態。故事中，隱隱約約告訴經營者，成功的領導特質是：「要有魄力，更要不斷學習。」

魄力應不難解，從葛施達與經銷商的互動中便能得見答案，至於不斷的學習充實更容易了解，試想，經營者如果不能積極地提升自己，怎能想出又新奇又有創意的經營策略與管理方法呢？

加上一點創意，就能創造奇蹟

路是靠著每個人雙腳走出來的，只要經營者不怕面對挫折，不被困難擊倒，最終都一定能到達成功終點。

我們都知道，創造力往往根植於我們已知的基礎之上，然後以創造性的想法變造出全新的「便利性價值」。

在網路盛行與科技不斷翻新的時代，消費者講究的兩個最重要的原則就是「價值」與「便利」，誰能滿足消費者，誰就能取得成功的果實。

很少有人能一開始就走在成功的坦途上，經商更是如此。做出錯誤的判斷或選錯機會，或是看錯目標方向，幾乎是所有的成功商人共有的經驗。

但是，無論他們遇到哪一種情況，最終的結論都只有一個：「錯了，快點修正過來就行了！」

你必須學習的經驗

「美其褲」是一種頗受年輕人喜愛的服裝品牌，這個專門走休閒流行風的服飾品牌，是許多愛好爬山涉水或到處旅行度假的人不可缺少的行裝。

可是，對照如今的風光，卻沒有人知道「美其褲」剛剛問世時的窘況，甚至他們還一度準備關門大吉呢！

「美其褲」品牌是由一位美國服裝設計師創立，該品牌最早的設計樣式是只有褲長過膝的七分褲，而且越到下面，褲管越窄。

當時設計師和行銷部門的人都認爲：「這個款式一定會大受歡迎，特別是吸引年輕人的目光。」

但沒想到，事實並非如此，當樣品擺放到商店的櫥窗展示時，居然乏人問津，這個尷尬令設計師感到十分氣餒，爲了避免損失，生產部門也迅速地撤銷了生產合約，這個設計隨即宣告失敗。

但是，這個結果並沒有讓設計師們放棄希望，幾經討論與進行市場調查後，總算弄清楚了其中原因。

不少客人們都這麼反應：「嗯，這樣的設計實在太單調了，穿在年輕人的身上，只會讓人看起來很沒活力，中年人穿來則不倫不類！」

了解市場不接受的原因後，設計師立即著手改變風格，大膽地修改，將一條亮晶晶的拉鏈裝在褲腿側的地方，銷售對象更明確地設定在年輕人。

「美其褲」再度推出，立即大受年輕人歡迎，設計師們也欣喜不已，在設計時更不斷地創新，有的是在側腿處釘上了一整排鈕扣，有的只簡單地在褲邊縫上一排美麗的飾帶……

從此，他們的產品成了年輕人的時尚指標，只要想展現年輕活力，消費者都會想到「美其褲」！

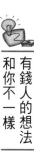

再多加一點創意便能創造奇蹟，是市場上經常發生的情況。這就像美其褲的發展，從滯銷到熱銷，並非靠著什麼奇特花招作爲宣傳，只是簡單的轉彎思考和簡單的創意，然後便產生了扭轉乾坤的奇蹟。

對設計師們來說，創意是他們最重要的生財工具，正因爲有這樣的認知與自信，當他們遇到挫敗時並沒有氣餒，因爲他們知道：「沒關係，只要我們再多花點心思，一定能設計出最受歡迎的款式。」

結果一如他們對自己的期許，果真成功地創造了時裝流行的新趨勢，更爲自己打造了一個夢想天空，一個專屬於他們的創意典範。

路是靠著每個人雙腳走出來的，只要經營者不怕面對挫折，不被困難擊倒，最終都一定能到達成功終點。

緊抓住稍縱即逝的機會

當機會到手時，經營者是否能好好地把握，還是繼續照著過去的錯誤經營態度來迎接機會，都將牽繫著公司未來的生存發展。

當機會出現在荊棘滿佈的環境中，有多少人能毫不遲疑地向前衝去？或許很多人，或許一個人也沒有。因爲，沒有人能預先知道在走過了荊棘之後是否能來到夢想的終點，正因爲人人都怕一無所獲，所以大多數人在面對機會時經常猶豫再三。

問題是，你花了那麼多時間考慮，又得到了些什麼？

你必須學習的經驗

夏城進出口公司成立於一九八八年底，卻因爲信譽出了問題，直到一九八九年底才有了眞正的經營機會。

在寧夏，最豐富且又有價值的資源是羊絨，夏城公司便是以羊絨作爲經營的主力產品。但是，一九八八年一場全國的絨毛品質大賽後，因爲夏城公司產品傳出摻有假羊絨，不僅讓這場大賽蒙上了惡名，更讓他們的信譽從此掃地，不僅在國內市場上嚴重受挫，出口機會更是頓時消失。

信譽一旦被人質疑，想再站起來的機會實在不多，面對這樣不利的形勢，夏城公司卻一點也不氣餒，公司上下反而更加積極地尋找客戶，尋找機遇，一次又一次地碰壁，也一次又一次地再站起來。

在他們誠意與努力下，終於打動了國外一家經營羊絨的公司，答應他們先合作一份訂單，數量爲五噸。看似機會來了，不過對方開出的條件卻非常苛刻，不僅要求夏城公司的毛絨必須在深圳商檢過關，而且還得在半個月內將貨品運送到深圳，遲一天也不行。

這些條件對一向節奏緩慢的他們來說確實十分艱難，不過，正在廣州參加春季展售會的負責人卻當機立斷要求公司總動員：「立即分工下去，務必精選質量上乘的羊絨，並迅速確實地請商檢局的專家好好地在品質上把關。」

沒想到，他們只用了一個星期就備齊了所有貨品，接著便連夜將五噸重的羊絨先送到西安，然後再從西安空運至廣州，圓滿地完成了合約上的時間和要求。打破堅冰之後，夏城公司羊絨的出口業務也不斷地擴大，一九九四年底已與美國、義大利、日本等國的著名絨毛商建立了長期且穩定的貿易關係。

有錢人的想法和你不一樣

商場上有利於己的機會已經不多了，再加上有不少人都想搶奪機會，經營者眞正有把握的機會已經不多了，當夏城公司發生僞羊絨毛的事情之後，還能從幾乎失去的市場中爭取到一次機會，確實難能可貴！

正因爲好機會難得，從夏城公司的教訓中，我們也明白了誠信的重要性。公司的品管不確實以致陷入莫名的危機中，這些可避免卻沒有好好避開的情況，是所有經營者應該好好提防與思考的問題。

當機會到手時，經營者是否能好好地把握，還是繼續照著過去的錯誤經營態度來迎接機會，都將牽繫著公司未來的生存發展。

別人願意再次給予機會時，經營者除了盡全力完成之外，更要充分展現企圖心，因爲一個充滿鬥志的經營者不僅能帶動員工們的士氣，更能讓合作的伙伴相信公司再站起來的決心。

經營者一定要有危機意識

人生不會是一帆風順，經營事業很難不遇到困境。別將心思全放在享受掌聲之上，忘了必須多加觀察時勢。

讓自己保持高度的警覺，給自己多一些危機意識，這些都不會增加思考的負擔，更不會耽誤我們籌謀計劃的時間。

無論計劃有多完善，更不管你正走在怎樣順暢的道路上，一旦心生懈怠，隨時都會從高處跌落谷底。所以，幾乎所有的成功商人都會告訴我們：「危機意識的重要性比前進的計劃更加重要！」

你必須學習的經驗

美菱集團的總經理張巨聲是一位很成功的商人，他的經營哲學是：「保持清醒的頭腦，並且隨時要有危機意識。」

據說，有一段時間，他每天夜裡都會做一個相同的噩夢：「我夢見了美菱冰箱居然堆滿了倉庫，甚至在街道上、廣場中，連隧道裡也有我們的冰箱，而且這些冰箱全都慘遭日曬雨淋，我向消費者推薦時，居然沒有一個人願意停下腳步，聽我解說……」聽到這裡，你一定會認爲是張老闆壓力太大了，但事實上這個噩夢眞的每天都會在他的腦海裡出現。因爲，他對員工說：「所有美菱人一定會夢見這樣的夢境，而且你們每天都一定要回想這樣的夢境，你們必須培養一些危機感，只要有了危機意識，那麼公司的營運自然會興盛起來。」

原來，造夢者是他自己，他甚至還要求員工天天做同樣的「噩夢」。

當危機眞正來臨時，美菱人正因爲張巨聲這套危機意識的管理哲學，已經建立了一系列的危機預防辦法，和頗有創意的應變措施。

後來，當中國冰箱業陷入危機時，唯獨美菱公司可以站穩腳步，面對著嚴峻的局勢，張巨聲說：「現在正是我們開創新局的好機會！想走出危機，只要再努力一點，積極地推出最新的產品，這個難關我們一定能走過。」

果然如他所言，他們當年推出了可以保存更多食品的大型冷凍庫，這款新品更讓他們的銷售量從第二十七名躍居全國第一。

有錢人的想法和你不一樣

好一個「噩夢」理論，這個隨時提醒自己小心前進的觀念，對經營者來說的確是很重要的叮嚀。

我們都知道人生不會是一帆風順，經營事業很難不遇到困境。經營的危機隨時都會出現，只是我們無法準確地預知時間點罷了。

所以，當張巨聲告訴我們這個噩夢理論時，想必有不少人也深感認同吧！

那麼，想成就未來事業的你，是否觀察到了前方道路的陷阱了呢？是否正得意地沈醉在人們的掌聲中呢？別將心思全放在享受掌聲之上，忘了必須多加觀察時勢。只要你多用一點心神思考，你就能看見企業發展的無限機會。

投資理財專家詹姆斯. 戴森曾經這麼說:「沒錢人用自己的腦袋賺錢, 有錢人用別人的腦袋賺錢。」
的確，舉凡所有事業有成的「有錢人」，並非都是最卓越最有智慧的人，而是最擅長利用比自己聰明的人來為自己賺錢的人，
因此，如果你想在最短時間成為人人稱羨的「有錢人」，首先，就必須懂得如何用別人的「腦袋」來做為幫自己賺錢的工具。

有錢人的想法和你不一樣 全集

You Can be a Rich Man

「腦袋決定口袋」的致富潛智慧

岳達人 編著

曾經有財經專家戲謔說：
「三個猶太人在家裡打噴嚏，全世界銀行都將連鎖感冒；五個猶太商人湊在一起，便能控制整個世界的黃金市場。」

這句話一點也不誇張，根據《富比士雜誌》統計，全世界擁有三百億以上財產的富豪之中，
猶太人所佔的比率高達七十五%。猶太人獨到的經商智慧，讓他們在世界財經舞台上，
演出一齣齣精采絕倫的搶錢戲碼……
你是否羨慕猶太人的經商才華與財致富能力？你想要像猶太人一樣搶錢嗎？
那麼，你就不能不看看《大家都在學的猶太智富秘訣》。

大家都在學的猶太智富秘訣

猶太富豪不告訴你的財富煉金術

You can also
Be a Billionaire

倪思安 編著

倪思安 編著

國家圖書館出版品預行編目資料

有錢人的想法和你不一樣 全集／
岳達人著. —第1版. —：新北市, 前景
民108.02面；公分. -（智富館：03）
ISBN◉978-986-6536-76-2（平裝）

作　　者　岳達人
社　　長　陳維都
藝術總監　黃聖文
編輯總監　王　凌
出 版 者　前景文化事業有限公司
行銷企劃　普天出版家族有限公司
新北市汐止區康寧街169巷25號6樓
TEL／(02) 26921935（代表號）
FAX／(02) 26959332
E-mail：popular.press@msa.hinet.net
http://www.popu.com.tw/
郵政劃撥 19091443 陳維都帳戶
總 經 銷　旭昇圖書有限公司
新北市中和區中山路二段352號2F
TEL／(02) 22451480（代表號）
FAX／(02) 22451479
E-mail：s1686688@ms31.hinet.net
法律顧問　西華律師事務所・黃憲男律師
電腦排版　巨新電腦排版有限公司
印製裝訂　久裕印刷事業有限公司
出 版 日　2019（民108）年2月第1版
ISBN◉978-986-6536-76-2　　條碼 9789866536762

智富館
03
有錢人的想法和你不一樣全集